用愿景倒逼行动的
精英思考法

PURPOSE

［英］班恩·伦索（Ben Renshaw）◎著
陈重亨◎译

四川文艺出版社

图书在版编目（CIP）数据

目标 /（英）班恩·伦索著；陈重亨译. -- 成都：四川文艺出版社，2021.5
ISBN 978-7-5411-5974-9

Ⅰ. ①目… Ⅱ. ①班… ②陈… Ⅲ. ①目标管理－通俗读物 Ⅳ. ① C931.2-49

中国版本图书馆 CIP 数据核字（2021）第 050150 号

著作权合同登记号　图字：21-2021-99

© Ben Renshaw 2018
Copyright licensed by LID Publishing
arranged with Andrew Nurnberg Associates International Limited
本书的中文译文来源为有方文化有限公司，未经书面同意不得任意翻印、转载或以任何形式重制。

MUBIAO

目标

（英）班恩·伦索　著
陈重亨　译

出 品 人	张庆宁
选题策划	北京斯坦威图书有限责任公司
编辑统筹	李佳铌　张其欣
责任编辑	程 川　周 轶
封面设计	异一设计 QQ:164085572
责任校对	汪 平

出版发行	四川文艺出版社（成都市槐树街 2 号）
网　　址	www.scwys.com
电　　话	028-86259287（发行部）028-86259303（编辑部）
传　　真	028-86259306

邮寄地址	成都市槐树街 2 号四川文艺出版社邮购部　610031		
印　　刷	天津旭丰源印刷有限公司		
成品尺寸	147mm×210mm	开　本	32 开
印　　张	7.5	字　数	140 千字
版　　次	2021 年 5 月第一版	印　次	2021 年 5 月第一次印刷
书　　号	ISBN 978-7-5411-5974-9		
定　　价	46.80 元		

未经许可，不得以任何方式复制或抄袭本书部分或全部内容
版权所有，侵权必究
本书若有质量问题，请与本公司图书销售中心联系调换。电话：010-82561793

推荐序

我们洲际酒店集团（InterContinental Hotels Group PLC；IHG®）的目标，就是热情、真诚地服务大家。这是我们所有员工的共同目标，也是本集团所有品牌贯彻始终的承诺。我作为首席执行官，得以领导这个"目标领导型"组织，见证集团一路以来的成长与发展，实在是莫大光荣。"目标"创造出集团的企业文化，不管是在服务客人、对外合作或服务社群等方面，都能为企业员工提供规范、指导和激励。在个人生活上，"目标"明确也是一样的重要。在工作上我和班恩合作多年，他在指导高管运用目标领导法上经验十分丰富。这本《目标》也正是为追求卓越、提升绩效并希望加速成长的人而写的。

——肯尼斯·巴尔（Keith Barr），洲际酒店集团 CEO

前　言

我小时候在世界闻名的梅纽因音乐学校（Yehudi Menuhin School）苦练小提琴，准备日后成为专业的演奏家。在那间坐落于英国乡间、风景十分优美的音乐学校里，我每天早上六点极自律地起床，还没吃早餐就开始练琴；那时候的我才八岁。之后的十二年，我都是这样每天练琴，后来也去过中国、印度、美国和欧洲各地举办音乐会。尽管我在小提琴方面很有才华，大大小小的比赛也都能拿到好成绩，但我还是觉得生命里少了一些什么。我觉得自己很不快乐，也不想追求什么音乐生涯。

后来我到英国伦敦的市政厅音乐及戏剧学院（The Guildhall School of Music and Drama）展开了为期四年的演奏家训练。仅仅开始几个礼拜以后，我就突然有了领悟，我发觉音乐专业其实并不适合我。我发现自己欠缺足够的热情，无法把音乐当作自己一生的挚爱。我不想全身心地把所有的时间和精力都奉献给音乐。我并不想竭尽全力去成为最好的小提琴家。这时候我才意识到，我缺少的就是一个让自己可以信服的明确目标。我不知道自己何以苦苦练琴，也不知道这一切的付出对自己到底有什么意义。

这个顿悟让我非常痛苦。这些年为了成为伟大小提琴家的辛苦付出，全都白费了。但同时，我又感到一丝平静。虽然不知道接下来会是什么状况，但我知道第一步就是要先停止那些没用的事。接着，我开始了一段自我发现的个人旅程，去确认自己真正想做什么、真正喜爱什么，找到自己愿意真诚投入、热心追寻的目标。经过相当深入的心灵探索，我最后找到一个关键点：人。我发现自己在音乐方面感受到的乐趣，都是跟"人"有关。我喜欢跟其他的音乐家一起演奏，喜欢跟观众一起互动。我发现自己在生活上的乐趣，就是人际上的互动，以及探索和理解人际上的种种复杂问题。

因为执迷于探索人际关系，我开始考虑多读点书，以后当个心理学家。正在我准备进大学钻研心理学时，我那个上过"自我发展"课程的姑妈把我拉进了这个领域。我由此展开了一段旅程，寻求在人际关系、幸福生活、事业成功上的专业指导训练，最后进入"领导力培训"领域。

2007年，洲际酒店集团邀我一起设计课程，提供高级领导发展计划的培训。洲际酒店是全球领先的酒店集团，它的机构分布在全球近一百个国家，员工人数超过三十五万人，组织的目标是"客人热爱的伟大饭店"（Great Hotels Guests Love®）。这套训练课程是由那时候的集团CEO安迪·科斯莱特（Andy Cosslett）全力推动，由我跟当时的集团人力资源总监崔西·罗宾斯（Tracy Robbins）一起设计安排，并取名为"目标领导"（Leading with Purpose）。接下来的十几年，我有幸在亚洲、澳洲、美洲和欧洲等地，指导洲际酒店一千多位高级主管，让他们理解和掌握"目标"的重要意义和作用：

目标的意义和作用

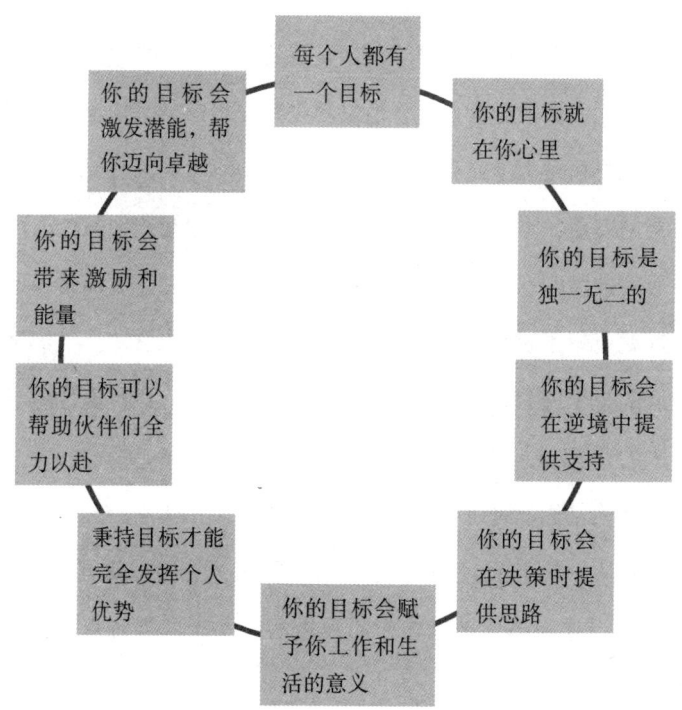

我在洲际酒店集团做出好成绩以后，很快就有机会在许多产业的大型机构，包括航空、银行、快速消费品（FMCG）、法律、制造、零售和技术等领域施展身手，向几十个企业主管和团队传授"目标领导"。我的经验让大家认识到，不管是个人还是组织，除非他们知道自己的目标，并且身体力行地朝着目标前进，否则发挥潜力的可能将极为有限。"目标"正是实现人生意义的催化剂，是让团队紧密结合在一起的快干胶，也是激励组织得以胜出的关键。

只要能把"目标"和"领导"结合在一起，我相信每个人都会是优秀的领导者，不管他是在组织中正式扮演领导者的角色，还是只是为了充分掌握自己的生活。每个人都需要解决的重要问题是：你自己是什么样的人？我认为这是我们每个人都要面对的问题。苏格拉底曾经犀利地指出："在了解清楚自己之前就妄想了解那些晦涩难懂的事情，那就太可笑啦。"苏格拉底的哲学理念正是以"认识自己"为核心，充满热情地探索个人的存在与身份。

明确目标就可以让别人了解自己是谁，因为它会是自我真正的本质。弄清楚自己的目标，就是了解自己生活追求的根源；知道自己要向哪里前进、如何前进，也才能理解自身存在的重要性。

这本书就是我在探寻"目标领导"过程中的重要发现与深刻体会,如果你能应用以下各章的见解,那你的领导能力和生活都会获得提升与改善。

班恩·伦索

2018 年于伦敦

目 录
CONTENTS

第一章
目标的八大非凡益处

为什么我们都需要目标？ / 003

创造意义——找到坚持的理由和动力 / 007

明确身份——排除外界干扰，专注内心渴望 / 011

展现自我——学会扬长避短，做到真实沟通 / 015

产生联结——凝聚相同目标的人 / 023

提升能量——对梦想永远心怀热忱 / 026

激励启发——以人格魅力感染他人 / 030

赢得团队信任——带领团队实现既定目标 / 034

创造事业差异化——打造与众不同的企业 / 038

第二章
如何确立个人目标和团队目标

发现个人目标的七个关键原则 / 043

在"高峰时刻"中感受个人目标 / 047

确立个人目标的具体步骤 / 054

用价值观给个人目标赋能 / 059

确立团队目标的五个问句 / 065

如何让团队目标激发个体行动 / 072

第三章
培养目标心态,改善当下现状

改变心态就是改变生活 / 079

将被动变为主动,理想将提前到来 / 081

将不可控变为可控,快速扫清前进障碍 / 086

将任务变为意图,每件事都能充满意义 / 090

用目标心态领导你的生活 / 097

第四章
培养目标技能,促进目标实现

卓有成效的六大目标技能 / 105

倾听,有效共情 / 107

讲故事，争取认同 / 113

教练，强化领导 / 119

反馈，激励改变 / 126

人际关系，发挥影响力 / 131

提升专注力，把握关键 / 138

第五章
把目标化为行动，成功改变人生

培养领导力 / 147

提升抗压力 / 157

维持良好关系 / 167

培养全球意识 / 169

积极拓展人脉 171

接纳多元与包容 / 173

提升适应力 / 180

拥抱变革 / 187

规划职业生涯 / 194

提升幸福感 / 198

回归家庭 / 204

结语 / 209

架构模型范例 / 215

延伸阅读 / 221

第一章

目标的八大非凡益处

为什么我们都需要目标？

目标即是激励生存的理由，它能以振聋发聩的形式唤起行动

你自己的目标，便是你存在的理由：人生即是为此展开。为你的人生带来意义、方向和启示的，就是这个"目标"。如果你遵循这个目标，便能确保自己蓬勃发展，充分发挥潜能，达到最佳状态。我相信在你的一生中，发现自己的"目标"会是最重要的一部分。遵循这个目标前进，你的人生才有喜悦。

要发现自己的目标，必须先放宽心胸，真正愿意专注于生活中的高峰体验（Peak Experiences）。当你找到目标时，说明你正处于最佳状态；当你遵循目标前进，才能心无旁骛、急速向前；始终秉持自己的目标，就会受到鼓舞和启发。当你回顾生命中最闪亮的时刻，探寻它们对你的意义，你就能找到那些对你最珍贵的关键主题,例如:提升自我、增加价值和创造可能性。继续深入探索它们为何对你如此重要,你就会找到自己人生的终极意义。

我们生活在混乱不安的时代:恐怖袭击层出不穷、极端气候危害全球、大量难民流离失所、网络安全令人担忧、经济不平等、社会两极分化、假新闻"满天飞"……真是说也说不完。那么在这种动荡不安的时候,我们要怎么保持理智?要走向哪一条路才好?可以相信谁呢?应该采取什么行动?

现在,连接世界的起点就是要透过目标。马克·扎克伯格(Mark Zuckerberg)在哈佛大学毕业典礼上曾明智地指出:"我们这一代的努力能否连接更多人、更多力量,能否把握住最大的机会,关键都在于此:如何搭建社群,创造出一个人人都有使命感的世界。"

现在正是各位找到自己目标之时。找到自己的目标,并学会将其运用在个人、领导力、团队、组织和社会等各方面,对于抵御世界的不确定性至关重要。

我记得,那是在千禧年即将到来的那个冬天,我跟我太太维诺妮卡居住在她的故乡新西兰。那时候我们待在最喜欢的皮哈海滩。那是一个位处北岛西海岸,距奥克兰四十公里的冲浪胜地。那时候我们已经结婚好几年了。当我们正在沙滩上散步时，维诺妮卡突然对我说，她想要生孩子，建立一个完整的家庭。我的直接反应是：我会忙不过来啊。后来双方的对话就陷入了僵局，但她还是温和又坚定地告诉我说，不管有没有我的支持，她都要开始建立一个完整的家庭！这时候，我才开始深入探索自己的内心。

我回顾过往，才发现自己不想要孩子的主要原因竟然是因为我爸爸以前说过不想要小孩。这在我家是个玩笑话。我姐姐跟我出生的时候，我爸爸正在攻读博士班，他对那个象牙塔充满热情，正全身心为日后进入教育界担任大学教授努力奋斗。也许我就是认同了父亲的做法，以为自己如果能够在事业上取得成功，又何必在乎有没有小孩。难道那些小家伙不会妨碍人追求雄心壮志吗？

回到伦敦以后，我打电话给我爸爸，想跟他见面好好聊一聊。我们约在当地的一家餐馆，我向他倾诉太太想生孩子的困扰，希望知道他对这件事情有什么看法。当我谈到那句玩笑话时，他却回答说，决定养育我们两姐弟是他做过最好的事情。这真是让我非常惊讶！他说他尽管工作忙碌，但家人还是永远摆在第一位的。

找寻"个人目标"，就是找到真相的过程。我一直都是这样一个探索者，一直想知道现实是什么状况、什么才是真实。

我总是在提出"为什么"。了解我爸爸对孩子的看法,让我也能更深入了解自己建立家庭的真相。我意识到努力建立自己的家庭才是我需要面对的现实,而十七年后我拥有三个优秀的孩子,如今我已无法想象没有他们又会是什么情况。那时候要是没有即刻把握住自己的目标,现在想必是完全不同的人生轨迹了。

我现在已经确定,秉持目标的生活会有八个重大好处:

把握目标的好处

- 创造事业差异化
- 赢得团队信任
- 激励启发
- 提升能量
- 产生联结
- 展现自我
- 明确身份
- 创造意义

这八个好处,我们会在本章逐一探讨。

创造意义——找到坚持的理由和动力

意义提供提升自我、克服障碍和发挥潜力的理由

你的工作、生活、人际关系和领导力有什么意义？这是一个需要认真回答的严肃问题。我的经验显示，你一旦能够明确自己目标何在，也就会明白自己生活的方方面面到底有什么意义。这个"目标"正是你要认真面对的重大问题，它会告诉你，你的所作所为有什么意义，你为何做出这样、那样的选择，以及你所珍视的事物意义何在。

从表面上来看，苏珊已经拥有一切。结婚二十五年，家庭圆满，拥有三个孩子，在前景蓬勃的企业中担任首席执行官，但她还是觉得不够充实。她怀疑自己为何如此汲汲营营，不惜牺牲自己的幸福也想要成为"职场女强人"。我接到她的电话时，

她几乎已经快要放弃这一切。我给苏珊的建议是，在改变外在环境之前，先专注于内在改变（我通常都会如此建议）。后来我们调查了她的背景，也越来越清楚地知道，她从小追随她最崇拜的父亲的脚步，朝着父亲安排好的方向走。结果现在虽然她拥有优渥的生活，却牺牲了真实的自我。再更深入了解才发现，冲突的核心就在于她并不知道自己的所作所为意义何在。最后的结果是，苏珊必须先找到自己的目标，找到对自己最重要的东西，才能改变这一切。

我对"目标"的探索让我了解到维克多·弗兰克（Victor Frankl）的学说，他是著名的维也纳学派的心理分析师，在二战中侥幸逃过一劫。在找寻意义的过程中，我从弗兰克的作品中学到一些深刻的理念。他在战争期间辗转七个集中营，饱尝痛苦折磨，其中包括恐怖的奥斯威辛（Auschwitz）。他注意到那些安慰别人的人以及愿意把最后一块面包给予难友的人反而活得最久。那段痛苦经历向他证明，我们拥有的一切都是身外之物，别人都能夺走，但我们不管身处任何环境，都能选择要以什么样的态度来面对。他发现，被囚禁的难民最后会变成什么样子，并不只是集中营环境的影响，更由难民本身内在的因素决定。弗兰克因此认为，我们人最深切的欲望，其实是寻找意义和目标。

意义和目标在我们的心里相互联系。意义是我们想要传达的、特定重要事物的内涵。如果欠缺意义，我们就会怀疑、会有不确定感，我们不能肯定自己为什么那么做，无法理解原因何在。德国哲学家兼文化评论家尼采（Friedrich Nietzsche）研究获得的一个重要结论是："知道自己为何而活，才能承受一切横逆。"

在我写下这些话时，我们刚刚经历过现代史上最激烈、狂热的时期。我相信，要顺利渡过这些人类的难关，必定是先要去理解它的来龙去脉，才能找到解决的办法。而每个人都会以自己的方式、在合适的时间做到这一点。虽然那些残酷暴行不是我们所能掌控的，但找出周遭事物意义何在，是我们有能力做到的。

再回来谈谈苏珊。后来我们在她的训练课程中探索她的目标，发现"鼓励他人迈向卓越"对她很重要。所以我鼓励苏珊每天把握住这个目标来生活，看看会发生什么好事。作为一个妈妈，这个目标给她和孩子们一个相互联系的参照点。她不再把自己当作是孩子的司机或纠察队长，不只是被动地监视孩子把该做的事情做完，而是专注地鼓励他们把事情做得更好、更出色，因此她能以不同于过往的方式陪伴在孩子身边。她也变得更加好奇，想要真正去理解孩子们的愿望和恐惧。她因此有了更多耐心，能更专注地倾听，并感受到了过去欠缺的深层联系。作为公司的领导者，她不再只是专注于达成目标，而是创造出一个更好的工作环境，让每一位员工都有机会做有意义的工作。苏珊的目标让她想要去帮助他人，指导那些有心之人获得成功和美好生活。

因为专注于创造有意义的生活，苏珊发现了自己的内在目标。由于理解了自己的工作、生活和人际关系，苏珊获得了更高层次的满足和成功。

明确身份——排除外界干扰，专注内心渴望

了解自己是谁，才是获得真知

我们总是在考虑自己要花费多少时间、精力和努力，来积累知识、技能和经验，却不愿投入时间和努力来了解自己。这实在让我很困惑。比方说，我看着自己的孩子长大（这时候我女儿十六岁，两个儿子分别是十二岁和八岁），看到他们在学习诸如社会、文化和教育等知识时，我对于自己的身份感到挣扎。本质上，作为一个教育工作者，我最看不过去的就是他们的学校教育，花费无数的时间只是在学习一些基本事实。我当然明白发展认知能力、提升解决问题能力的价值，但那些知识现在只要点击一下鼠标就能获得。过去大家强调的是知识积累的多寡，但现在应该换个方向，专注于如何以有意义的方式来

运用知识。而这也会反过来影响到我们如何看待自己。

我最近开始为一位重要客户传授一套领导力发展课程，叫作"领导永续成长"（Leading Sustainable Growth）。那套课程是由该公司的HR提议主办的，他认为要达成永续成长，必须是每个员工都能展现出真实自我，并且对公司具备归属感。

除了训练课程之外，为了帮助高级主管学员更深入地了解自己的身份，该公司还邀请了演说者维基·毕勤（Vicky Beeching）来分享她的故事。维基是一位作家、广播工作者和主题演说家，她的人生故事非常精彩。她二十岁左右就已经是美国中西部"圣经地带"（Bible Belt）著名的宗教歌手兼词曲作者，却在2014年她三十五岁的时候突然公开出柜，承认自己是个同性恋者，这让各地教会十分震惊。她当时会这么做，是因为一场严重的自体免疫系统疾病所致：她的细胞正在攻击她的身体，这简直就是她的信仰和性取向相互排斥的最佳写照。

公开出柜让维基终结了教会音乐的职业生涯。但因为有这一番经历，现在她努力在企业界推动多元和包容，提倡工作场所的平等理念。她在主题演讲中分享自己的故事，或透过一对一的指导来开发多元包容的观念，如今这些任务已经成为她工作中的重要部分。她也非常注重工作伙伴的心理健康，鼓励大家要更加开放。她说自己过去的经历充满了抑郁和焦虑，但尽管遭遇种种挣扎，大多数人还是可以获得成功。她对身份的态度很明确："真实地展现自我，让每个人在工作方面都能达到双赢的境界。个人层面上，大家会更快乐、更健康；对公司而言，生产力和员工留任率都见提升。"

了解自己的目标，正是确认身份的重要部分。知道自己是谁、自己立场何在以及自己的与众不同之处，跟个人的目标大有关系。其中，我认为最重要的就是把握智慧。我尊重别人的智慧，钦佩那些努力发展自我智慧的人。我希望自己在别人眼中也是个有智慧的人，这对我来说是极大的鼓舞，会让我成为最好的人。不过有没有智慧，可不是自己说了算，必定需要得到他人的认可才行。

在一年的忙碌结束后，我曾受客户之邀，参加他们的年终庆祝活动。那天的晚会是以中世纪为主题，壮观的大厅布置得古色古香。走近餐桌时，我看到每个人的座位前都放着一块牌子。我座位前的牌子是：知识的根源。短短一句话让我有极深的感触。我非常重视的客户认为我是个有智慧的人，这才真正是成功的标志，证明我的身份获得他人的认可。

现在我也要问你这个问题，你是谁？在你思考答案时，请试着确认自己的真实身份。这个身份只有你自己可以决定,而你的答案会在生活中激发出一些成果。

展现自我——学会扬长避短,做到真实沟通

把握住目标,你才会更加贴近真实自我

如今,身为领导者最受人钦佩赞赏的品德,就是诚实可靠。《哈佛商业评论》(*Harvard Business Review*)杂志最近也提到:"诚实可靠已经成为领导力的黄金标准。"诚实可靠,就是不虚伪地"展现自我"。但这里的困难在于,要展现自我,你必须先了解自己;而这个就是你目标的核心。如果不先了解自己的目标,你就难以展现自我,因为你根本不知道自己是什么样子。

自我的真实性,总共有五个关键点,充分掌握后会让你拥有更高技能:

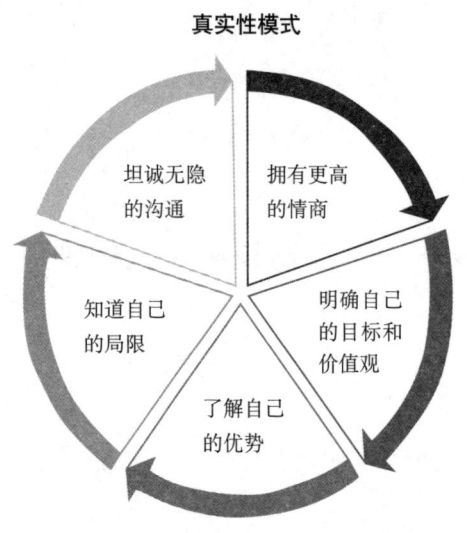

1. 拥有更高的情商

"情商"(emotional intelligence;EQ)这个术语,最早是由麦克·贝尔德克(Michael Beldoch)在 1964 年的论文中提出的,1995 年丹尼尔·戈尔曼(Daniel Goleman)出版了一本书就叫作《情商》,从此"情商"一词为大众所熟知。情商主要可分成四个部分:一、自我意识;二、自我管理;三、社会意识;四、社交技巧。

约翰当时的人生轨道,是在一家大企业担任高级主管。他拥有许多厉害的技能,在买卖交易、经营管理、品牌营销和财务管理上都具备丰富经验,这些职位都很适合他。公司的人力资源总监找到我,让我过去开展一份调查,董事会将会利用这些数据来决定他的升迁。我跟许多利益相关人士谈过之后，发现大家虽然都很敬佩约翰的专业能力，但总觉得他不够坦诚：他每天表现出来的状态似乎是一种表象，大家根本不了解他真实的一面是怎样的。

当我告诉约翰调查反馈的结果时，他感到非常惊讶，觉得自己并不像大家所说的那个样子，而且他反应激烈地为自己辩护，说别人不理解他也不是他的错，他们才应该学习如何深入地了解同事。我担任咨询顾问已久，对于这种激烈反应早就司空见惯，所以我建议他花点时间来反省一下，也跟家人谈一谈这个状况。隔天一早我就接到约翰的信息，他说昨晚跟家人一起吃晚饭时，问家人觉得他是否坦诚。当他发现家人的看法也跟反馈调查结果一样时，给了他很大的冲击。尤其是他十五岁的女儿很直白地说："爸爸，我知道你爱我，可是你从来不会表现出来。我都不记得你上一次说爱我、静静听我说话是什么时候了。"

约翰意识不到别人的这种看法，即是欠缺"自我意识"的第一个表现，也就是缺乏准确评估个人影响的能力。他也了解到，这表示他对自我的管理太差，才会让他永远那么忙碌，忙到没时间陪伴自己生命中宝贵的家人。他女儿的话也揭露出一个事实，就是他不像自己想象的那么富有爱心。他没能力跟她进行情感交流，才是父女间真正的隔阂所在。最后约翰发现，可以运用社交技巧来做些改善，因为他都没有依照自己想要的方式跟大家好好地沟通。

通过诸如调查反馈这样的测评程序，许多领导者会发现自己虽然具备高智商，可是情商很低。如果情商太低，我们就没有足够的自我意识来知道自己是否表现出了真实自我，也不知道自己在人际关系上的表现如何。除非把握住自己的基本动机，否则我们不会有很高的自我意识，无法妥善地管理自我，也无法和他人保持深入联系及沟通。

2．明确自己的目标和价值观

对于你的目标和价值观，我们未来会深入讨论，在此不赘言。各位只需先了解，我们必须认清自己的目标和价值，并遵循不悖，才能够展现出真实自我。

3．了解自己的优势

你的优势就是你的天赋和技能，也就是领导力专家勒内·卡拉约尔（René Carayol）在其同名著作中所说的"SPIKE"[1]。

1.Strengths Positively Identified Kick-start Excellence：积极确认的起始卓越优势。

你的优势就是你最擅长的事情，例如：具备创造力、影响力，善于建议、联系或组织。当你开始发挥自己的优势时，也是在展示真实的自我，这是一种让人如鱼得水、乐在其中且充满能量的体验。探讨优势发挥的开创性著作《盖洛普优势识别器2.0》（*Strengths Finder 2.0*）的作者汤姆·拉思（Tom Rath）也强调发挥优势和展现真实自我大有关系，他说"这会让你更加贴近原本模样"，我喜欢这个诠释。

4．知道自己的局限

优势的反面就是你的局限。有一次我在某公司进行对高级销售人员的培训。保罗在人际沟通上具备惊人能力，他知道客户要的是什么，还会提供超出客户预期的优质服务。在为大家服务这件事上，他干得最为起劲，所以他每个月在公司的业绩都是最好的。但他每个月要跟老板对账的时候，前后两个晚上总是让他烦恼得睡不着。后来我们就此深入了解，看看到底是什么状况会让他如此困扰。结果发现，保罗最害怕的就是在处理财务数字时显得笨拙。

我们继续挖掘这个恐惧的根源，保罗想起以前在学校有个辅导老师说他很笨，让他至今耿耿于怀。后来我们采取了一些务实的方法来改善这个情况。我先鼓励保罗测试智商。很多高管必须通过的心理测验,他都想方设法地避开,这实在是不可思议!但就算他的智商真的很低,也必须去面对这个莫大的恐惧,结果他的智商其实比平均水平还高。接下来,我找到保罗的直属上司,打听他们每月财报会议是如何进行的,以评估状况。保罗的经理其实已经知道他偶尔会紧张失常,经理也觉得很奇怪。后来保罗跟经理说明了他对笨拙表现的恐惧,这让他们在日后的会议上更能紧密合作,保罗也从此可以安心睡觉,不再烦恼。

对每一个人来说,重要的是要知道自己的局限,而不是浪费生命去担心害怕,或想方设法去补救。试图补救通常只能获得很小的改善,却让你在那个过程中精疲力竭。这里的关键,尤其是对领导者来说,就是要让自己身边有一群可以跟你相互支持、形成互补的人才,必要的时候他们就能发挥出你所没有的优势,你就不会因为自己的弱点而感到焦头烂额。

5. 坦诚无隐的沟通

与人沟通时坦诚而没有隐瞒,这正是你真实自我的证明。珍妮在升迁为高级主管时,准备发表上任后的第一次演说。因她在财务金融方面具备深厚背景,所以所有人都以为她一定会不断强调业绩。但当我跟珍妮坐下来讨论,问她希望这个重要时刻可以获得什么结果时,她却说了"启发"一词,这让我很惊讶。她希望团队可以从她的任命中获得启发,并对未来感到憧憬。我问她演说准备说些什么,果然,她的思维方式是从财务数字入手。但这样并不会产生她想要的结果,所以我请她再想想,怎么做才能达到效果。我请珍妮回想一下,在她自己的职业生涯中,有谁曾经给她启发,以及为什么。她想起几位曾经追随过的主管,他们都有一个共同点:开诚布公地沟通。他们适当展现自己的脆弱,又能以谦虚、幽默的态度与人联系沟通。这些就是可以博得大家信任的方式。

考虑到这一点,珍妮决定发表一场坦承不讳的演说,敞开心扉,让团队成员进入她的世界。

她告诉了大家自己的人生历程。她爸爸以前是军人,所以她家每隔一两年就会随着父亲工作地点的变动而搬迁。她在十八岁之前,住过十四个不同的地方,就读过八所不同的学校,她因此学会了独立,让自己可以适应不断改变的环境。这样的经历一般会让人变得冷漠。但珍妮是个例外,朋友们都发现,她其实非常友善,只是跟她真正交心的人不算太多。

珍妮从十六岁就开始工作,在餐馆做服务员。从那之后,她每天都很努力工作。她喜欢工作带来的自由,也培养出大多数人难以仿效的坚韧。在她的第一个孩子出生后,珍妮罹患产后抑郁症。这件事她从未对公司的人说过,当时公司正面临着重大挑战,尽管遭受了许多不为人知的痛苦,珍妮还是选择了咬牙坚持,她希望自己可以做一个好榜样。对于这样的自我剖析,团队的响应是热烈的。他们没有想到她会如此坦诚,并对她直言不讳地谈到了自己的真实经历而感到敬佩。大家对她的信任从此建立了起来,这也为她带领团队打下了成功的基础。

要做到坦诚真实,就必须愿意展现自己脆弱的一面,甘冒风险来展现自我。

产生联结——凝聚相同目标的人

在共享经济中，产生联结最好的方式是透过目标

目标能建立人际关系，可以把个人与他人团结在一起。所谓的领导力其实就是人际关系，没有人际关系，哪来的追随者。不过我们评估许多领导者时，会发现他们的人际关系处理得并不妥善。

有一家公司曾请我去协助高管训练。该公司属于服务行业，在市场上颇有地位。它是由一位富有远见的企业家创办，之前一直保持快速成长，但目前已经到了必须强化人才管理才能确保未来成功的重要阶段。强化的起点，是要先了解目前公司领导者具备什么特质。

该公司原本采用过人才评估工具，衡量了领导者在沟通、说服力、灵活性及帮助员工发展等多方面的状况。当人力资源总监告诉我考评结果时，我就发现有点不对劲。该企业的大多数领导者在人际联结技能方面的得分都是很低的。这些主管的智商都很高，也很有斗志，但他们却因此牺牲了与人联结的能力。这表示该公司在竞争激烈的服务产业中要持续推动成长，必定要面临特殊的挑战。

这种状况并不少见。我合作过的企业大多数都曾碰到过一些号召员工强化认同的问题，诸如接班人的培养、沟通的透明度、多元与包容等等。这些问题的根源都在于欠缺人际联结。对企业而言这真是棘手困境，公司的成功与否虽然主要是根据绩效和成果来衡量，过程和方法似乎并不重要；但绩效和成果终究靠的是人，而人际联结的力量正是其中的关键。

一旦你明确定义目标，就可以从不同角度来处理人际关系。

丹尼尔是我遇到的最善于操控速度、专注目标的领导者之一。身为营销部门主管，他以快速推动交易和运营而闻名。因为绩效卓越，公司派他前往中东，领导迪拜的业务。丹尼尔马上接受了这项任命，但以他那种凡事一马当先的快节奏风格，根本不曾充分考虑不同文化对于开展业务的影响。

个人关系和互相信任是在中东做生意的关键，丹尼尔发现这让他非常困扰。他过去在人际方面的技能，差不多只是见面打招呼的程度而已。不难想象，他在当地带领团队会立马遭遇阻碍。他一到那里就忙着要求大家拓展业务，却没有投入足够时间打理好与员工的关系。员工不愿意听从指挥，业绩自然也上不去。

公司请我前去协助丹尼尔和他的团队。我一开始在调查访谈中，就发现团队中的信任程度明显偏低，因为丹尼尔把绩效摆在前面，而忽略了人际上的联结。他很有诚意地接纳反馈意见，决定把团队间的联结作为第一优先，然后才是客户。我鼓励丹尼尔开诚布公地跟团队好好聊一聊，坦白自己未能适应当地的文化，在某些方面做得不尽如人意。团队成员都很欣赏他的坦诚，丹尼尔也承诺定期安排一对一会谈，了解成员个人和他们在职业生涯上的抱负，而不再只是要求寻常的业务报告。团队的向心力明显好转，丹尼尔也发现建立人际联结与其目标完全一致，他说这是"为更美好的世界创造更好的结果"。

明确目标一个莫大的好处在于，它可以缔造人际关系，成为人与团体紧密联系在一起的黏合剂。我还没碰到过有人找到自己的目标，是想排斥他人的；我也没遇到过已经制定核心目标的组织，只想将其"束之高阁"，不想让别人知道。目标可以带来联系，目标也可以缔造团结，找到了目标便找到了联结。

提升能量——对梦想永远心怀热忱

能量具有传染性

什么东西会让你充满能量？什么东西又会让你能量萎靡？几年前要是有人问我感觉如何，我会说："好累啊！"这种回答可没什么好骄傲的，我并不是因为工作充实而"累"，而是我的生活已经出现了严重的危险信号。我太太跟我有三个孩子（我们对此都感到幸福）；但我还是要在世界各地频繁出差，同时还要写书创作。逐渐地，我迷失在了劳碌之中，我不知道如何增加自己的能量。于是我开始探索自己的能量来源。我发现能量源头有几个重要因素，包括：运动锻炼、人际关系、学习，以及明确的目标感。我决定逐一厘清每项因素，以确保我能够激发和维持能量。

我一直很喜欢运动。我注意到,做运动的日子反而精力更加充沛,但我并没有每天运动。我会找借口偷懒,比如"太累了""时间太晚""天气太冷",或者觉得自己没时间去运动。所以我下定决心,每天都要去运动,锻炼一下身体。从此,运动成了我雷打不动的日常项目,而生活也因此改变。我也不是刻意勉强自己,但当我回家以后,就会习惯性地带着狗出去慢跑,或者出差途中上健身房放松,休假空闲的时候就去打网球消遣。结果我现在比几年前更健康,活力更加充沛。

在人际关系方面,我要找出哪些人能提升我的能量、哪些人不能。我做了一个决定,摆脱那些消耗心神的关系。我并不是半途而废的人,碰上困难我会一直努力找到解决办法。但我发现,有些人际关系如果进行不顺,会严重阻碍事情的进度,与其在某些人身上浪费大把时间,不如直接掉头离开,另谋出路。除此之外,我决定寻找那些能够让我活力充沛的人,而且多多亲近他们。

在学习方面,我对学习的兴趣一开始就被学校的传统教育浇熄,一直到我进入个人发展领域之后才重新点燃,如今我对于学习的渴望持续飙升,现在已到了难以餍足的地步。倘若一天没学到新的东西,便感觉一整天都浪费掉了。

球艺超凡的网球名将费德勒（Roger Federer）就是终身学习的绝佳典范。对我而言，费德勒虽然是四个孩子的父亲，但他仍然能够突破年龄限制，重登温布尔登宝座，都是因为他拥有非凡的学习动力，才能在运动场上扬名立万。当你把握目标，发挥优势，投入许多时间去练习，你的能量才会开始流动，费德勒就是最有力的证明。

探索能量要从四个关键来考虑：

1. 身体能量

你有什么好习惯来滋养身体能量？你注重饮食吗？睡眠质量如何？运动健身的效果如何？你必须做些具体投入，维持身体能量，才能表现出最好的自己。

2. 情绪能量

你对什么充满热情？你的喜好是什么？哪些事让你快乐？心理神经免疫学（psychoneuroimmunology）的研究指出，情绪会影响我们的健康和精力。1985年，乔治敦大学的神经药理学家甘达丝·伯特（Candace Pert）在大脑细胞膜和免疫系统中发现神经肽接受体，而神经肽和神经传导物质直接作用于免疫系统，表示它们跟情绪变化密切相关。因此正面情绪，诸如热情、欢喜和快乐，都可以增强免疫系统，提升你的能量，而愤怒、焦虑、恐惧和抑郁等负面情绪长时间作祟，则会消耗你的免疫力。

3．智识能量

你专注力够强吗？是否热爱学习？常常练习正念（mindfulness）吗？有证据显示，我们的大脑非常"柔软"，有很强的可塑性，它会自行生成新的神经通路，持续提升智能。我们如果强化专注、多多学习、提高注意力，也会因此提升智识能量。

4．精神能量

你的目标是什么？你的价值观是什么？哪些事物会带来激励、启发？专注于这些对你很重要的事物，就能增强精神能量，超越日常的挑战。作为领导者，你的基本责任就是激励队友，而不是当个吸血鬼，把别人的能量吸走！

因此，要在自己的生活和工作中保持优势，就必须好好掌握非常重要的身体、情绪、智识和精神四大能量。

激励启发——以人格魅力感染他人

接受启发,启发众人

领导者最重要的角色就是要启发、激励下属,而这也是身为领导者最大的挑战。为什么呢?因为你要激励他人,自己就要先受到激励。我们可能会有受到激励、启发的时候,但要怎么持续保持在一种受到激励的状态呢?这时候就要靠"目标"。紧密地与目标相连,它就会不断地激励你。它会让你振作起来。碰到障碍、困难、干扰,它会让你保持专注,不会因此偏离轨道。

自从 2008 年经济危机之后,莫里斯一直在领导销售和营销部门。经济不景气影响到了所有市场部门,前景不明朗使得情况更为复杂。在零售业里,莫里斯要保住大家的工作,实在是个很大的挑战。莫里斯把自己的目标定义为"创造机会"。所以她把每一次挫折都当作是更大的机会,因此她在日常逆境中也能奋战不懈、坚持到底。

在经济衰退最严重的时候,莫里斯在做任何决策时都提醒自己,把自己的目标放在优先考虑的位置。她找来领导团队,向大家宣布她的目标,要求团队一起督促她为创造机会负起责任。她知道,在大家犹豫迟疑的时候,她要拿出明确可见的领导力,她必须倾听大家的心声,持续不懈地进行沟通。莫里斯透过创造机会这个角度来看待自己应该扮演的角色,她投入无数时间四处奔走询问,并且不断地与同事分享自己的愿景,强化与大家的联系。她获得的反馈和反应让她感到温暖,而通过减少工时和任务分摊,也让同事们在工作上更灵活、更有弹性,结果没有人被裁员,而且在那段艰困时期,公司的向心力明显提高。在逆境中莫里斯紧紧追随她的目标,不仅自己受到了鼓舞,也提升了大家的士气。莫里斯在工作上非常成功,公司的CEO注意到这一点,所以迅速地提拔她担任更高职位,一起协助公司渡过难关。

英国皇家特许管理协会(Chartered Management Institute)和迪蒙斯智库(Demos)对近两千位经理人及其公司进行调查,结果显示:大多数受访者(55%)最重视的就是"激励能力";

11%受访者也表示确实看到领导者身上的"激励能力"。

这项调查的结果突显激励领导力的六个基本要素：

1. 真心诚意地关心；

2. 让每个人都能参与其中；

3. 不吝赞赏；

4. 确保工作充满乐趣；

5. 表现出真正的信任；

6. 倾听同事的意见。

对于这六个要素，各位想一想是否都能做到？有一次我在某组织进行改善领导质量的培训，我特别强调要给予团队成员激励和启发。为期两天的会议非常成功，我们一起重新确认公司的目标、价值观和领导架构，几乎每个人回到工作岗位后都感受到全新的活力。其中有一位资深主管并不相信这一套方法，还以间接隐秘的方式破坏同事间的信任。结果大家学会激励领导六要素以后，都很快挺身而出，反对他的破坏意图，抵制这种行为。

戴维·麦可里奥（David MacLeod）和妮塔·克拉克（Nita Clarke）在"为成功而努力：加强员工参与感以提升绩效"的报告中指出，强化员工参与能带来绝佳成果：

- 生产力提高 8%；
- 利润率提高 16%；
- 营收增加 19%；
- 每股盈余（EPS）成长 2.6 倍；
- 客户支持率提高 12%；
- 员工请假天数减少 50%；
- 离职率降低 87%。

如果领导者的激励和启发可以带来这些成果，你当然也要培养自己的激励能力。但这不是说你要突然间变成伟大的演说家或展现超凡的人格魅力，而是必须秉持目标领导，才能激励自己也激励大家。

赢得团队信任——带领团队实现既定目标

成为伟大团队的一员就几乎无所不能

高绩效团队的关键基础在于方向感明确,而方向感的核心是令人信赖的目标。目标就是团队存在的理由,是指引团队的北极星。团队成员平时必须应付各种需求,东奔西跑达成各自的目标,如:服务客户、满足股东、协同工作、培养才能以及许多各式各样的要求,拥有强烈目标感才会让他们团结在一起,方向一致。

我有幸指导的最佳团队之一,是伦敦希斯洛机场第二航站(T2)的领导团队,他们必须在规定预算内(二十四亿英镑)准时(2014年6月4日)完成"女王航站"(The Queen's Terminal)的建设。团队领导人是布莱恩·伍德海德(Brian Woodhead),

其实在他担任那个职位之前，我就指导过他许多年。他在商业和管理方面都极有素养，非常清楚自己需要什么。他很了解自己的目标——"做到极致"。领导第二航站建设团队，当然正是他发挥极致潜力的好机会！

布莱恩的上级当时分派给他的是一个矩阵式团队（matrix team），他必须跨越组织部门的限制，达到协同作业才有可能完成计划，这在希斯洛机场的历史上可是头一遭。第二航站的领导团队总共由十三位主管组成，其中只有两位算是布莱恩的直接下属，其余只是行政相关的间接隶属关系。有几个成员过去其实算是布莱恩的同级，所以在这个当时相当讲究层级关系的组织里，如何开展工作是个大问题。

当布莱恩接任项目指挥时，由于期限临近，大家已经焦头烂额。我们商讨之后，布莱恩决定把团队聚在一起开会，一起探讨团队存在的原因，确定他们的共同目标。一开始的时候，大家有点心不在焉。有些人觉得开这种会议只是在浪费时间，平常的日程安排已经几近饱和了，还要应付这种会议。这种怀疑其实也算正常，我也看得多了，但还是希望每个人都能把握机会畅所欲言，一起来激发创意，寻找解决的办法。

大家都希望快点采取行动。但是布莱恩很清楚，团队一定要先确定目标，才能够向前迈进。大家一起深入研究，探讨诸如

"我们为何存在？""我们真正的价值是什么？""我们想要做出什么改变？""我们能发挥什么特长？"最终团队提出以下目标：使出全力。这个目标让大家团结一致，它简单而令人难忘，而且非常切实可行，超越了原本只是航站建设的目标。这个目标成为团队的指路明灯，让他们在这趟非凡旅程中时时获得指引。

有一次，我被要求和工程部门的一个高级管理团队合作，那些所谓的增强团结的活动早就让大家厌倦了。他们因此也对我的加入抱着怀疑态度。我一开始就跟他们讲得很明白，我说如果没有达成有形的价值提升，活动结束之后尽管让我滚蛋。我知道在探索目标的过程中，我要先保持公开透明的开放态度。任何团队最不需要的，就是找到一个又一个的公司口号，大家嘴上喊一喊，心中却没有触动，这只会导致更多的麻木和嘲讽。

这个执行团队的成员可谓鱼龙混杂。有几个创始成员已经待了十五年以上，其中一位是离开后又回来的。还有一些成员刚加入公司不久，而领导团队的主管则是三个月前才上任的。为了引导大家一起来思考，我请他们写下五个认为跟团队最有关系的词语。我把大家的词语写在黑板上，请他们从中选出最有关联的三个，并筛选出他们的第一选择。我以此为基础，敦促大家一起思考,他们这个团队的作用是什么,那个词对团队有何意义,以及他们希望发挥何种特性。透过讨论和探索,该团队得出了"创造更美好的未来"的结论。不过也有一位成员指出,过度强调未来,可能会使他们偏离日常要务。但最后他们都同意,团队必须创造更好的成果。其实,他们过去的表现就一直很不错,但更进一步确认后,他们了解到团队存在的主要原因就是为了让大家团结在一起,共同努力。所以他们的目标很明确:团结一致,共同创造更好的成果。

团队成员对于自己的工作感到自豪,也真心诚意相信这个目标。他们都愿意为此负起自己的责任,把它当作是决策的基础。这个目标被证明非常有价值,因为他们在决策过程中常常要在财务和人力资源方面进行权衡、取舍,因此专注于共同创造更好的成果就成为最佳的抉择标准。

明确目标可以团结一个团队,在压力来临时,让大家都能专注在最重要的事情上。目标会提供能量和指引,激励团队向上提升,让大家记住自己的真正价值,不忘初衷。

创造事业差异化——打造与众不同的企业

成功企业的核心是强大的目标

伟大的企业必定拥有绝佳目标。领导者应该以目标驱动来建立组织的原因如下:

1. **吸引最优秀的员工,并且让他们愿意留下来安心效力。**

研究表明,在具备强烈目标的企业中工作,员工参与度会提升 1.4 倍,满意度会提升 1.7 倍,留职率会提升 3 倍。

2. **建立客户忠诚度,提高信赖。**

对于以目标为导向的企业,有 89% 的客户认为该企业将会提供最优质的产品与服务;全世界有 72% 的企业乐意推荐目标明确的公司;新兴市场中,有 84% 的客户愿意每年都与该类型的企业进行合作。

3．增加股东投资报酬。

在 1996 年至 2011 年期间，目标导向企业的股价表现比史坦普指数五百强企业好十倍。与人类福祉相关、意义深远的优秀品牌在 2013 年的股价表现比股市大盘好 120%。

4．创造共享价值。

现今社会上，更加成熟的商业领袖都已经体认到共同价值的概念。企业可以重新定义目标，创造"共同分享的价值"，把企业运作和社会价值结合在一起，不仅有助于创造更大的经济价值，还因为解决诸多挑战而创造出社会价值。这种分享共同价值的方法将企业成功与社会进步联系起来。

我们看到那些全球最有价值的品牌，可以更加充分证明这一点（根据 2017 年 2 月 1 日由品牌金融公司 Brand Finance 公布的研究报告）：目标明确的企业可以强化品牌优势，吸引最优秀的人才，让他们在各自市场上保持优势。

其中排名第一的是谷歌，它的目标是：组织全球信息，让全世界都可以获得及利用。凭着 1095 亿美元的市场价值和每天超过 35 亿次的搜索量，我们可以很肯定地说，谷歌正在实现它的目标。

排名第二的苹果公司也实现了一个实用目标：苹果公司设计全球最佳个人计算机"Macs"以及"OS X""iLife""iWork"

等专业软件，并以"iPod"和"iTunes"在线商店领导数字音乐革命。在创造出 1071 亿美元的市场价值和吸引全球最多客户之后，苹果公司可以说实现了自己的目标。

亚马逊排名第三，它成功地建立了全球顶尖的网络零售企业，至少有很大原因是因为它坚定不移、每日不懈地努力实现目标：成为全球最重视客户的企业；建立一个能买到任何东西的在线购物网站。亚马逊的市场价值是 1063 亿美元，它还继续以越来越快的速度持续前进。

任何规模的企业都必须明确定义自己存在的理由。明确自己的目标、团队的目标和公司的目标，正是目标领导的出发点。

第二章

如何确立个人目标和团队目标

发现个人目标的七个关键原则

目标创造可能

什么是个人目标？是一件事情吗？是某个目的地？是一场比赛的最后阶段？还是一段旅程？我原本毫无头绪。我以前也不知道什么叫作目标，更不用说自己的目标了，但我下定决心把它搞清楚。回想二十岁出头刚离开音乐界的时候，我一直在思考自己要往哪个方向发展，也想厘清应该采用哪些关键标准来判断自己以后该过什么样的生活。于是我走遍世界各地寻找自己的目标，我曾远赴印度参访寺院，也参加过美国的个人发展课程，还有很多其他活动！虽然花了一大笔钱，但还是非常迷惘。

在一个对未来影响深远的时刻，我在印度北方邦的首府勒克瑙（我在英国的好朋友鼓励我去那里）拜见一位自我探索的名师佩巴奇（Papaji）。我早上五点钟就要起床，走过尘土飞扬的街道去他家听早课。那时候我非常期待，跟一群主要是西方人的学生一起寻找目标，我想知道自己会学到什么。佩巴奇的教学主要是以问答的方式来进行。有个问题是：怎么处理人际关系的困境？佩巴奇的回答是：让那个烦恼的人只穿一只鞋子去追赶对方！这完全不能满足我的好奇心。后来我越听越失望，看着四周的同学，不知道自己在这里干什么。我很快地退出，改订班机，提早回到伦敦。在我四处旅行、上了许多课、看了很多书以后，我开始意识到，"目标"并没有单一的答案，必须由我自己来定义。

后来，洲际酒店集团找到我主持目标领导课程，这迫使我必须更明确地定义：

个人目标是存在的最佳原因。

它激励你的生活，指引你的方向。

这是对最重要的事情的深刻信念。

它塑造你的心态、行为和行动。

它具备永恒的特质，也超越了环境。

它提供你生活的全部意义和方向。

从本质上来说，你的目标是你最大的"原因"、你的终极存在理由，与生俱来，它就嵌在你的 DNA 里。

还有两位专家的定义也强而有力地阐述了目标。美敦力公司（Medtronic）前董事长兼 CEO 比尔·乔治（Bill George），是哈佛商学院的高级研究员和《真北》（*Discover Your True North*）的作者，他认为个人目标是：

了解自身内在罗盘的"真北"。你的正北就代表你身为人类的深沉自我。这是你的定位点，你在这个旋转世界中的固定点，可以帮助你保持在正途上。

另一位专家西蒙·斯涅克（Simon Sinek）是《从"为什么"开始》（*Start with Why*）的作者，他的演讲"伟大领导者如何启发行动"被誉为 TED 有史以来最受欢迎演说的第三名。他给出的定义是：

你的人生大问题，就是会激励你的目标、原因或信念。

所以，你怎么知道自己已经把握住了目标？有七个关键原则可以帮助判断：

1. 目标会让你充满能量。
2. 目标会增强你的弹性和抗压力。
3. 目标会帮助你发挥到极致。
4. 目标会让你的创意左右逢源。
5. 目标能点燃你的热情。
6. 目标能带来激励和启发。
7. 目标和你的真实自我相联结。

你当然不必在意自己是否具备所有这些特点,但是只要稍微注意一下,以上几点都是很好的指引,你就能大致判断自己是否走在了正轨之上。

在"高峰时刻"中感受个人目标

发现自己的目标,正是人生旅程的一部分

生命的喜悦,就是实现目标

我接到一家大型法律事务所的电话。人力资源部门主管珍妮跟我很熟,也知道我擅长指导领导者发现他们的目标。她说她旗下最有才华的律师正在质疑自己的未来,希望获得一些协助。珍妮问他是否愿意接受目标培训,他同意了,所以我们约好时间碰面。

我在伦敦市中心跟史蒂芬见面,我们在一家僻静的饭店找到了一个安静的角落。他非常聪明,思维敏捷、风度翩翩。史蒂芬不拐弯抹角,直奔主题。他说他毕业后一直从事法律工作,专注于重大交易的监督调查,现在已经快四十五岁了。史蒂芬开始思考自己未来的选择，是应该继续留在事务所，承接更多案子；还是进入企业担任法律总顾问；或者冒着风险独立创业；或是再次回到学校从事教职呢？我感觉到史蒂芬现在非常困惑，因此建议他在考虑外在因素之前，先探索自己的目标。我告诉他怎么定义目标，以及他需要采取什么步骤。

一开始，我请史蒂芬回想自己生命中的重要活动，以及那些展现出自己最佳状态的时刻。他在什么时候觉得最满足，为什么？他觉得自己如鱼得水、乐在其中是在什么时候，为什么？他的人生"高峰时刻"是在什么时候，为什么？史蒂芬坐下来，边喝咖啡边回想。然后说了以下记忆：

- 成长过程中，他喜欢运动，无论什么运动，总之越多越好！足球、游泳、网球、自行车，来者不拒。不过最重要的问题是：为什么？这些运动让他表现出的最大优势是什么？史蒂芬确认了几个重点：胜利感、竞争、团队合作、乐趣，还有测试自己的能耐。
- 毕业成绩第一名。史蒂芬很重视自己在学校的表现，他认为这就是在发挥自己的潜力。因此他在学生时代全心投入学习，虽然他认为自己很聪明，但还是全力以赴用功读书，他为自己的勤奋感到骄傲。

- 赢得第一件案子。史蒂芬说到他帮某大客户赢下一桩改变局面的案子时,整个人都亮了起来。更深入探索后,史蒂芬发现,帮助他人这件事比完成案子本身还重要。
- 结婚。回想到结婚那一天,史蒂芬感受尤深的是洋溢其中的联结感,身边都是此生对他最有意义的亲朋好友。
- 拥有自己的孩子。跟许多人的高峰体验一样,史蒂芬第一个女儿出生的时候,让他非常感动,尤其是太太面临难产时表现出的坚定勇气。
- 全家去度假和露营。回想起带着全家人去旅行的记忆,史蒂芬感到自由自在,深深受到大自然的启发,这些经历伴随而来的感受对他意义重大。

接着,我们总结他这些重要经验的主题,探索其中有什么共同的关联或模式。史蒂芬特别强调以下十个主题:

1. 胜利感;

2. 团队合作;

3. 自由;

4. 美;

5. 学习;

6. 专心用功;

7. 帮助他人；

8. 人际联结；

9. 勇气；

10. 乐趣。

我请他试着加以分类，他认为可以分成：

1. 人际关系：联结、帮助他人和团队合作；

2. 成就：胜利感、专心用功、学习和勇气；

3. 创造力：自由、美、乐趣。

然后，我让史蒂芬从这三类中找出哪一类对他的意义最为重大。他说是：人际关系。我们接着继续探索：

我：人际关系中对你最有意义的是哪个部分？

史蒂芬：改变人们的生活。跟大家一起合作、帮助他人实现目标，都让我获得极大的满足感。

我：如果你能改变别人的生活、帮助他们实现目标，然后呢？

史蒂芬：这让我提升了价值。

我：你想要提升什么样的价值？

史蒂芬：帮助大家发挥潜力，达到他们的最佳状态。

我：为什么？

史蒂芬：我觉得在帮助他人的时候，我全力以赴，尽情发挥，这让我更了解自己。

我：你真正想了解自己的哪些方面？

史蒂芬：了解真正的自我。我是谁，我能做到怎样，我的最佳状态是什么。

我：知道真正自我，然后呢？

史蒂芬：那就是实现了自我啊！

我：那么可以说，你的目标是要了解自己，达成你的最佳状态吗？

史蒂芬：是的。不过，比起了解自己，我更想全力发挥，展现出最佳状态。

我：好的，如果你的目标是表现出最佳自我，会怎样？

史蒂芬：会产生共振。如果我能达成最佳状态，就能完全发挥潜力、全力以赴，为人父、人夫、人子、律师……事实上是任何角色、任何活动，都能适用。

经过这次对话，我们一起找到一些重要特征，这显示史蒂芬现在就处于正确的位置，符合自己的目标。他发现到的是：

- 贯彻一致，始终如一：他的目标可以应用到工作、生活和人际关系的各个方面。
- 能量提升：他备受鼓舞，热情澎湃。

- 实现自我：把握目标，事业蓬勃发展。
- 意义重大：知道自己的目标联系起了那些最有价值的东西。

要找到自己的目标，并没有速成公式。我经常跟客户说，我可是花了二十年才找到的！但各位要是做好准备，敞开心胸，准备好接受挑战，就有可能深入探索，找到问题的核心。

我问史蒂芬，如果把这个目标应用在他目前的职业生涯困境中会怎么样。我们开始探索，如果史蒂芬朝着自己的目标前进，在法律界展现最好的自我。他说这表示：

- 承接大案子；
- 发挥领导作用；
- 为公司做出策略性贡献；
- 展现绝佳判断力；
- 帮助他人发展；
- 支持自己家人。

我又继续挑战他，如果更加贴近目标地踏出职业生涯的下一步，又会是什么状况。如果他在公司里，每一天都能展现出自己的最佳状况，尽情施展自我，会是最好的领导者吗？能否最充分地帮助他人发展？又能否把支持家人做到最好？

我们探讨了两个小时以后，史蒂芬站起来隆重道谢，说我的帮助让他对于目标和现状都有了完全不同的看法。他会再接再厉，继续这样的探索，等他决定好接下来要做些什么，他一定会让我知道。看到史蒂芬在很短时间内就从混乱中找到了明确的目标，了解它对未来职业发展的重要性，真是让人感到欣慰。

确立个人目标的具体步骤

了解你的目标，也就了解自己

确定自己的目标，是我们一生当中最重要的行动之一。看到那么多已经有所成就的人其实并不知道自己的本质，我总是感到很惊讶。事实上，了解自己目标的天赋，就掌握在你手上。只要重新审视我们的高峰体验，回想自己最充实、最自在、最灵感充溢的时刻，通往目标之路自然就会显现。

确定目标的具体步骤如下：

1. 记下你这辈子的高峰瞬间，那些展现了你自己最佳状态、最为充实、乐在其中的时刻。
2. 回想过去发生过的事情，哪些活动让你念念不忘，例如：

旅游、运动、工作、创意发挥、慈善活动或人际交往。

3. 确认那些高峰体验的关键主题，例如：自由、学习、奉献、创新、实现。

4. 将主题分成几大类，例如：明确成果、帮助他人、实现变革，等等。

5. 选定一个你最有触动的类别。

6. 找一位你可以信赖的伙伴，以下列问题帮助你深入探索上述选定的主题：

   A. 那个主题对你有什么意义？为什么？

   B. 你会如何实现这个主题？

   C. 那个主题的终点是什么？

   D. 如果实现了自己的主题，会为你带来什么不同？

7. 让伙伴把他刚刚听到，可能是你目标的主题，汇整成一个问题向你提问："那么可以说，你的目标就是？"

8. 设定目标陈述：明确说出这个目标对你有什么意义。

我的建议是至少花一个小时，不受干扰地进行探索，并且利用下列表格来记录答案：

目标架构

高峰体验	你呈现最佳状态，感到最满足、最自在、最受激励，和对你最有意义的事物联系在一起
活动	从你正在做的活动中得到高峰体验
主题	与高峰体验相关的关键主题
类别	把主题分成几大类
最突出者	最有感触的是哪一个
目标	初次目标陈述

在探索自己目标的时候，必须特别注意避免做出模棱两可的回答。例如：

- 出现"做出不同""增加价值"这样的陈述，就要再追问："想要做出什么样的不同？""想增加什么价值？"你必须不断地深入探索，找出那个最原始的动机。
- 必须仔细区分"手段"和"最后结果"。如果你的目标是让别人的生活变得更好，就要再想想如果真的做到了，对你会有什么意义。例如，是因为帮助他人这个行为让你感到快乐满足，还是因为别人的生活变得更好以后，也会为你带来一些不同的可能性。哪一个才是最后结果，会带来多大影响？

- 要简单。最强大、有力的目标,有时就是最简单那一种。目标没有什么正确与否。你的目标,必须由你自己定义。
- 如果觉得自己的目标显得太自私,也不必太惊讶。但是每一种目标中,其实也都包含着帮助他人的种子。比方说,如果你的目标只是想要让自己快乐,那么社会科学研究指出,无私而乐于奉献的人最快乐,自私而吝于施舍的人并不快乐。
- 你的核心目标可以转化应用在生活中的每个角色和各个方面。你的目标对工作和家庭应该是一致的。但是在不同的状况下,它表现出来的方式也会有所不同。

目标陈述的例子:

以尊重和维护他人自由的方式来生活。

——曼德拉(Nelson Mandela)

在宇宙中留下刻痕。

——贾伯斯(Steve Jobs)

实现最好的人生。

——奥普拉(Oprah Winfrey)

解放全世界所有人的天赋。

——扎克伯格(Mark Zuckerberg)

我合作过的领导者,他们的目标陈述包括以下这些:

成为机会创造者

做出大事业

实现难以想象的事

帮助他人成功并实现他们的梦想

成为举足轻重的人

展现最佳状态

让人喜爱

快乐

定义目标,主要就是看你的意愿。只要你愿意这么做,就保持开放心态,不必慌张也无须着急。你的目标非常宝贵,所以要为自己保留一点时间和空间,好好地了解自己的本质。

用价值观给个人目标赋能

价值观展现你的信仰

认清价值观与目标不同,这很重要。有些人很清楚自己的价值观,但他们常常把价值观当作目标,这就错了。个人价值观是深刻的信念,会塑造出你的行为。价值观来自塑造生活的重要转折点、事件和经历,你内心所学到的教训和得到的结论即是由此构成。

价值观可谓各式各样都有,是极为个人层面的,如下图所示:

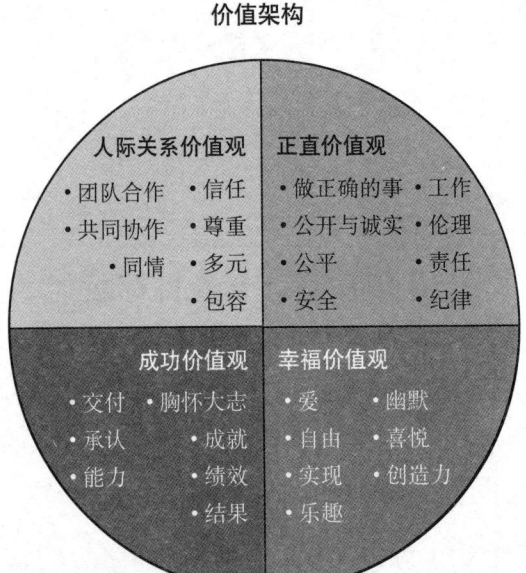

为了定义你的价值观，首先要列出你生活中经历过的重大事件，了解清楚每件事带来的影响，明白自己从中学习到哪些重要心得，才能确定形成了怎样的价值观。我们在定义自己的价值观时，通常会发现，虽然知道那些是什么，但并不是很清楚形成价值观的影响因素。

我以下面四个表格为例，说明我生活中的四个关键事件，它们带来哪些互有关联的影响，我从中又学到哪些经验教训，以及各自代表的核心价值观：

事件	我八岁的时候,我们全家离开利兹的美丽房子,往南搬到萨里,我爸爸在那里担任梅纽因音乐学校的校长。我喜欢之前居住的利兹,我不但支持利兹的足球队,而且那时候只有我们一家人住在一起,无忧无虑。等到我爸妈开始管理那所寄宿学校以后,一家人都受到了干扰。我记得我那时候晚上躺在床上,等着我爸妈过来跟他们说晚安,可是等他们巡房巡过四十五个房间之后,我早就睡着了。
影响	父母的关注力降低,让我很失落。
学习	孩子需要父母主动关爱和注意,才能健康成长。
价值	爱

事件	十六岁时,我遭遇了重大打击。那一年我去非常美丽的英国湖区参加野外课程,几个星期都在参加登山、攀岩、独木舟和其他户外活动,回家时我比以前更健壮了。但我回家后发现妈妈非常沮丧,她哭着说她跟爸爸的婚姻破裂了。那段时间非常难熬,我不得不参与爸妈的离婚协议,那个过程拖了好几个月。
影响	我曾经以为天经地义、理所当然的一切,都被搅得天翻地覆。
学习	对于意料之外的事,也要有心理准备。
价值	诚实

事件	我继续练习小提琴，准备在离开音乐学校以后，能进入市政厅音乐及戏剧学院。不过在上大学之前，我决定休学一年。这在音乐界可是前所未闻的大事，大家最注重的就是持续不断地勤练、苦练，以免琴艺退步。但那一年我还跑去了以色列的集体农场。我记得很清楚，十八岁那年的一月初，我离开又冷又潮湿的英格兰，来到阳光明媚的特拉维夫。转机之前的几小时，我带着背包和小提琴去海边。我坐在沙滩上，望着眼前的地中海，那种无限自由的感觉，我永远不会忘记。
影响	发现生命之中不是只有小提琴！
学习	明白自己需要拓宽眼界，也要学会承担一些风险。
价值	自由

事件	到了二十五岁左右，我已经开始能享受单身的快乐。经过几次心碎的经验，我决定享受自己的独立自由，晚一点再考虑结婚。不过老天爷显然是另有安排。我在伦敦跟维若妮卡见过几次面，我有几个朋友也认识她，曾邀请她来参加我开的公众课程。她是新西兰人，当时住在东京。这原本只是一段短暂的缘分。一年后，有几个朋友从东京回来，又跟我谈到她。所以我就打电话给她，结果她还记得我。经过几个月的自然发展，还有昂贵的长途电话联谊之后，我问她要不要跟我和几位朋友一起去印度旅行。维若妮卡带着她最要好的闺密过来，我们在新德里的灵曦堂前碰面，那是一幢非常漂亮、像莲花似的大寺院。然后我们一起开车去拉贾斯坦邦，

续表

事件	刚在一起才三天,我想到的全是结婚、生子……后来经过三个星期的旅行以后,我就知道我们以后会在一起。
影响	在我完全没想到的时候坠入爱河。
学习	宇宙以神秘的方式在运行。
价值	感情联结

透过以下操作练习,各位就会了解自己的价值观,并且知道这些价值观来自何处。完成这个过程之后,各位也会了解个人目标和价值观有什么不同。

请先找个安静的地方,预留大概一小时的时间。各位在进行练习的时候,很可能会发现,你这辈子的重大转折,大多数都是一些不幸的事情,是处于逆境中发生的事,所以你在回忆这些事的时候,可以:

1. 在纸上画一条横线,代表你这一生到现在(生活时间线)。
2. 按时间先后在线上标记影响你生活的重要经验和转折点,比如:弟弟妹妹的出生、上学、人际交往或恋爱、考上大学、环境的变化、工作的变化、工作失误、遇到财务问题、遭到裁员、家庭变故或亲人死亡,等等。
3. 针对每个事件记下它对你的影响,例如:丧亲之痛、遭遇背叛、感受到不公正、遭遇失败、无力感、挫折感、愤怒、恐惧、悲伤……

4. 反省自己从那些经历中获得什么教训,或从影响中归纳总结,例如:诚实为上、搬家让你学会适应环境、学业失败也许就是刺激你奋发向上的原因、上司的不良管理让你努力成为绝佳领导者、遭到裁员反而让你觉得解脱、亲人之丧令你更加珍惜生命。
5. 确认和那些体验有关的具体价值,例如:诚实、乐观、尊重、公平、学习。

生命历程练习

事件	事件	事件	事件
影响	影响	影响	影响
教训	教训	教训	教训
价值	价值	价值	价值

我们一定要明确自己的价值观,知道它们来自何处,才能真切把握住那些对我们最重要的事物。从领导力的角度来说,明确自己的价值观才会获得信任,把价值观和目标相结合,才能激发信心。

确立团队目标的五个问句

伟大团队的核心是拥有共同目标

作为团队领导者或团队成员,你必须能够回答以下关键问题:
- 你的团队为何存在?
- 团队的最大特点是什么?
- 指引团队团结一致的目标是什么?
- 团队的真正价值是什么?
- 你希望团队出现什么不同的变化?

我认为团队一定要找出自己的核心目标,才能让成员清楚明白团队存在的意义,而这种明确的身份感也是维持团队团结的重要因素。但这必须是真实无欺的过程,我并不认为所有的团队都一定会想要创造出一个目标，更不用说让所有人都遵循不悖了。如果团队设定目标只是为了取悦领导者，而不是真心诚意地接受或下定决心去遵循，那真是再糟糕不过的事。

我曾受邀为某个品牌的营销团队在外地讲授沟通课程。那个团队是由非常有能力且经验丰富的专业人士组成的，我事先跟每个团队成员聊过后发现，他们都很忙，所以对离开办公室，去外地开两天会并不是很热衷。这种情况我很熟悉，所以我事先告诉领导者：我们一定要做好准备，让他们耳目一新、大开眼界。团队负责人费欧娜提醒我说，虽然团队成员在各自领域都有极佳表现，但这是群体同心协力的结果，大家团结一致，整套商业运作才会有这么好的成绩。让大家同心协力，才能推进更多措施，包括：降低成本、分享创意、创造更佳的工作环境，以及发挥坚定实在的领导力。

课程开始的时候，费欧娜就向成员清楚说明这两天活动的重要性，直接指出大家在沟通时必须开放、坦诚，活动才会奏效。并且强调，她对这两天的对话并不预设会达到什么效果，而且不会随便设定多余的事情让大家做，除非团队都能相信那么做确有其价值。这个团队最不需要的就是又搞出一张待办清单！

我们第一次讨论到团队效率时发现的问题，其实在几年前一场类似的会议中也出现过。当时那场会议虽然凝聚了许多能量，但后来的决议并未切实贯彻，那时候所做的目标陈述如今也毫无意义了。我要求大家在继续议程之前，先解决一个最明显却又遭到忽视的问题：团队成员先要确定，大家是应该同心协力、一起合作，还是各自为政、单打独斗比较好。

我请大家写下，他们认为组成团队的优点和缺点，归纳整理如下：

团队的优点

- 提高克服挑战的弹性；
- 便于培养人才；
- 提高执行力；
- 分享最佳实践；
- 相互提供支持；
- 合作与竞争齐头并进；
- 释放能量、热情和乐趣。

团队的缺点

- 团队成员容易失去个人身份；
- 团队优先造成个人需求受到压抑；

- 适应团队文化需要时间；
- 有些个人时间因此被占用；
- 如缺少相互协调反而容易失败；
- 实现的结果可能违背个人选择。

这次对话让成员认识到了组成团队的力量，并同意在接下来的两天进行验证。这是个重要结果，它表示确认真实目标的机会已经到来。为此，我要求每个团队成员写下五个和团队有关的单词。假如这个团队正处于不太健康的阶段，有时就需要用一些比较有鼓舞作用的话语。

这一次大家提出的词语包括：成功、绩效、激励、领导、天赋、成长、有效性、参与、交付成果、承诺、凝聚、信任、负责、诚实、爱、乐趣、结果。

我把这些词语全部写在白板上，让大家选出自己最重视的三个。结果得票最多的三个是：

1. 激励
2. 爱
3. 成长

然后我开始一项调查，帮助团队进行最后确认：团队为何存在？最后他们找到目标：为了"激发爱的产生"。就公司高层而言，他们一致认为，作为一个领导团队，他们的最终价值在于激励员工全力表现，而其中的"爱"表达了他们创造优良工作环境的愿望：让大家都可以用自己喜爱的方式去做自己喜爱的事情。就外在条件来说，激发爱的产生也意味着跟客户建立良好的联系，确保品牌为生活创造真正的价值。这个目标既简单又清晰，让人过目不忘，因此也就容易坚持下去、奉行不渝。

还有一次，我跟另一个商业领导团队合作。这个团队过去内斗激烈，大家互放冷箭、争夺资源，多年来一直陷于困境。团队领导者最近才刚换届，他们希望在调整部分成员未来角色之前给他们一个改变的机会。这个团队对于设定目标这件事的看法，比我刚刚谈到的那一个团队更不屑一顾，但透过类似的练习之后，他们发现"提升营利以壮大企业"是他们共同的目标。

在这种状况下，虽然目标已经确立，但我还是建议他们在正式宣布之前，至少先按此目标试行七十天。一般来说，刚参加过团队辅导的团队总是热情洋溢地回到工作岗位，迫不及待地宣布重大决策，冲动地表示未来会更好。但是等到平日的压力重新逼近，有时不过是短短的一周，一切又会恢复原状。

该团队决定试行三个月，看看这个目标是否适用，是不是真能指引方向。九十天以后，我们又一起检讨，评估它的价值。检讨会上团队成员纷纷分享自己的经验，说这个目标如何引发大家的关注，让他们的思考更加全面，也提升了工作士气，努力争取提高业绩。于是他们认定，这个目标确实为部门带来了宝贵的认同感，他们同意在下次部门的审查季会上正式宣布启用。要把部门功能全部整合在一起颇有风险，因为其中许多不同分支还藏着不为人知的暗流。但是团队领导者"艺高人胆大"，认为除非是由领导团队开始改变集体思维模式，否则这一切又要倒退。团队设计了一个扩大参与、提升认同的会议，让每个人都有机会畅所欲言，分享他们的价值观和想法。会议中，业绩增长与成长即是讨论的重点，这表示领导团队宣布目标的时机已是水到渠成：提升营利以壮大企业。他们更惊讶地发现，整个公司对于这样的决定都张开双臂表示欢迎。这表明大家其实都很想知道自己在公司努力奋战的深刻意义，而目标也正好提供给大家一个明确的奋斗方向。

我过去训练的团队，他们的目标陈述如下：

领先业界
——企业执行委员会

打造超强技术团队（KATT）

　　——科技业领导团队

一起创造更好的成果

　　——经营领导团队

绩优公司的绩优体验

　　——客服领导团队

沟通传递关爱

　　——通信业领导团队

激励大家展现最佳自我

　　——人力资源领导团队

　　我相信每个团队都有一个核心目标，而团队领导者的责任是，至少要让大家有机会去探索这个核心目标是什么。如果顺利的话，这个共同的目标就会激励团队齐心协力，走向同一个方向；它会把大家的情感和力量凝聚在一起，让大家知道自己的存在除了能达成众多运营目标之外，还有更为深刻的意义。

如何让团队目标激发个体行动

伟大企业知道自己存在的原因，不只是为了股东报酬

在激励员工和团队时，组织的目标会提供必要的关注点，让大家知道该往哪个方向前进。它会指引出正确的方向，引领企业做出明确决策。它会带来大家都认同的意义，并因此获得支持。这个目标即是公司存在的原因，也是鼓舞士气的一个重要方法。

但如果处理不当的话，组织的目标会沦为企业口号，只是"嘴上说说"，不会让大家产生情感联系。要是公司采取一些"要命"的行动，跟宣称的目标背道而驰，则会造成更大损害。比方，以前安然公司（Enron）宣称的目标是：尊重、诚信、沟通和卓越。结果2001年10月，安然公司因为做假账、欺骗大众投资而倒闭，这成为当时最大的企业破产案件，重创了整个金融界。

雷曼兄弟公司（Lehman Brothers）的目标是：透过我们员工的知识、创造力和奉献精神，与客户建立无与伦比的合作关系，为他们创造价值，为股东带来优厚回报。然而2008年9月15日，雷曼兄弟公司轰然倒闭，再次刷新企业破产纪录。

当我向许多员工询问公司的目标时，很多人不屑一顾、一脸茫然。其实也没什么好奇怪的，这原本就是企业缺乏明确方向的表现。然而企业一旦欠缺坦诚可信的目标，员工便不能理解公司何以存在，也就丧失了向心力的感召，甚至会给企业带来混乱和解体。

如果做得好，阐释组织目标就会变成提升参与感的好机会，大家能一起为公司定义企业DNA。

以前我曾跟一家重要的科技产品零售商合作过，为该公司的执行委员会做培训。这家公司当时正处动荡时期，遭遇亚马逊的强力竞争和数字转型的双重逼迫。公司高层急切地想要回归原点，重新定义公司一开始的目标。他们已经安排好在公司外部举办一场大型会议，召集一百位员工参加，希望借此为企业目标的达成形成共识。于是我们先在一个轻松休闲的环境中安排一天的活动，确保大家对于这桩重任都有正确的心态。我们先讨论目标，这是要让大家知道，此次活动就是要对此做出更新。以前该公司的目标是：确保我们永远把客户放在第一位。这对于提升参与感颇见功效，但现在大家认为这句话已经过时了，而且也不能反映在业务数字上。

我与他们分享一些其他组织的目标陈述，以激发思考：

可口可乐：对身体、心灵和精神带来全新的体验。

迪士尼：为全世界各年龄层的人带来快乐。

脸书：让世界更加紧密。

宜家：为大家创造更美好的日常生活。

天空新闻台：精益求精。

我请主管们各自写下自己心中的目标陈述，说明公司存在的理由，它之所以独一无二、与众不同的原因何在。由此得出的关键主题如下：

- 为客户提供解决方案；
- 提供建议，改善客户生活；
- 将客户与他们想要的东西联系起来；
- 让客户更容易获得产品和服务；
- 确保客户拥有难忘的体验。

然后我们继续讨论这些主题，要求大家更加深入探讨：为什么要为客户提供解决方案？为什么要提供建议，让客户和他们想要的东西可以联系起来？为什么要确保客户拥有难忘的体验？虽然这些问题好像都有明显的答案，但是这样的对话让大家都能齐心协力去思考共同的话题焦点。最后终于出现一个既简明又很吸引人的想法：让生活更轻松方便。

在获得初步结论以后，我们在百人大会上也进行类似操作，让每位主管带领十位员工探索主题。我严格指示主管们不要用自己的想法影响员工，而是要让公司真实的核心理念浮现出来。而那个"让生活更轻松方便"的想法，果然又再次出现。大家都喜欢这个理念，认为公司存在的理由就是要让员工、客户和股东的生活都变得更轻松，更方便。对于这家提供技术服务的企业，这样的理念非常有意义，因为他们可以很清楚地看到他们的努力如何带来明确的价值。

我们根据前面提到的七个重要原则，验证目标是否成功：

1. **目标会让你充满能量。**

"让生活更轻松方便"无疑会让大家更有能量，在这个复杂的世界昂首阔步。

2. **目标会增强你的弹性和抗压能力。**

每个人都同意，遭受挫折时，"让生活更轻松方便"会帮助他们迅速恢复斗志。

3. **目标会帮助你发挥到极致。**

大家都看得出来,"让生活更轻松方便"和全力以赴的关系。

4. **目标让你的创意左右逢源。**

"让生活更轻松方便"的承诺鼓励大家用不同的方式来思考,提出更新颖、更有开创性的解决方案。

5. **目标点燃你的热情。**

"让生活更轻松方便"的理念让大家心情振奋,热情洋溢。

6. **目标带来激励和启发。**

在竞争非常激烈的环境中,"让生活更轻松方便"的目标能提振大家的精神。

7. **目标和你的真实自我相联结。**

了解公司是为了"让生活更轻松方便"而存在,大家自然乐意遵循。

这个目标符合所有必要条件,因此执行委员会同意将其纳入企业文化之中。

一个组织不管发展到了什么阶段,重新定义目标都非常有必要,它能彰显意义、与时并进。如果企业需要新的能量、新的视野,就应该重新定义目标。或者说,要是你刚开始设立公司,正要打拼新事业,那么就从定义目标开始吧!

第三章

培养目标心态，改善当下现状

改变心态就是改变生活

你的生活就是心态的结果

现在各位已经更清楚目标是什么、为何重要,也开始确定自己的目标了,这时必须了解心态及它对目标领导的重要性。

我们的心态即我们持有的既定态度。现在的神经科学,利用核磁共振成像(NMRI)等技术,就能实时研究大脑的结构变化和诸般功能。最新研究显示,大脑比我们过去所知更具可塑性。这些新发现让我们更深入地了解了思维方式的发展,找到培养正确心态的阻碍。透过练习,我们能从神经网络中建立新的联系,产生新的思维模式。

在这一章中,我们要探讨一些深刻的心态转变,这能帮助大家把目标嵌入到日常体验中。以下是我们要探讨的重要特性:

- **行动**：专注于任务达成的心态。
- **拥有**：集中于物质积累与消耗的心态。
- **存在**：以天性为基础，整合真实自我的心态。
- **选择**：在任何状况下选择心态的能力，亦即决定我们对事物的反应方式。
- **意图**：有意识地发展心态的机会。目标心态的核心，即以目标为导向的意图。

将被动变为主动，理想将提前到来

我们人类叫作"human beings"而非"human doings"，是有原因的

你早上醒来的时候，脑子里想到什么？最常出现的答案大概是：

- 孩子；
- 早餐；
- 交通；
- 天气；
- 邮箱；
- 开会；
- 今天要穿什么？

- 今天要去哪里?
- 半夜出了什么事?

各位一定会觉得,这样的清单可不怎么振奋人心啊!因为这些事情都有个共同点……都是"任务"。就算早上想到活泼的孩子们,大概也是跟学校、作业有关。更具体地说,这只是一张"待办清单"而已。

当我询问过全世界几千个领导者,问他们早上会想到什么之后,我可以明确地说:大多数人都是用身体的"自动驾驶系统"在运作。好消息是,习惯性反应有许多好处。研究人员指出,人类的心智感官大约每分钟可以接收一千一百万条信息,但大脑意识到的其实只有当中的四十条左右,其他那些就是由潜意识的"自动驾驶系统"在处理。大脑创造的"快捷处理方式"能帮助我们迅速解读信息,在决策时节省能量。所以我们早上一清醒,就能快刀斩乱麻,略去那些不重要的事物,不必多耗费珍贵的能量。但是,这样也可能会让你人生只剩下一再重复的动作,变成团团转的机器人,而不是充分体验生命的存在。

要摆脱这种"生存状态",必须换一种思维方式,也就是以"你想要成为怎样的人"为主导的"存在心态"。

为了实现这项转变，我们必须根据以下方法来克服挑战：

转变心态

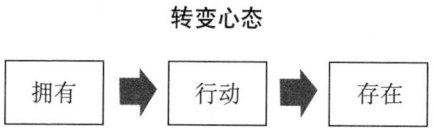

我们都会对自己说，想要"拥有"什么东西，必须去"行动"，做我们要做的事，然后才能"成为"我们理想中的那种人（"存在"）。但这是颠倒的错误思考。

我曾经为一家上市公司的财务长（CFO）进行培训。戴维刚满五十岁，爷爷是煤矿工人，父亲是职业足球运动员。不幸的是，他在一次摩托车事故中摔断脊椎，结果他不得不重新接受教育，转换职业生涯的轨迹。他因此得到的启示是：如果我足够努力，就能获得经济保障，退休后才会快乐。我挑战了他这种不知不觉养成的心态，问道："这真的是推动你未来发展的最佳思路吗？"尤其是他的父亲在退休之后一年半就去世了。这种情况其实并不少见。

在我们合作的过程中，戴维找到了自己的目标：尽己所能，表现出最好状态。这句话真的能为他带来鼓舞，他可以预想自己如何运用这个目标，尽己所能成为最好的丈夫、父亲、财务长、领导者和团队成员。所以，要等到退休才快乐，会是最好的选择吗?他也知道不是这样,只是不知道应该怎么改变。

我鼓励他考虑另一种方法:

先成为你理想中的那种人,再让它来塑造和影响你的行动和所得。

考虑到戴维刚满五十,我又挑战他,请他考虑一下如果是以目标导向来过日子,他的生活会是什么样,也就是说,以他最好的状态来生活会发生什么样的变化。他很快就知道,他想要的幸福快乐不必再等十年。他问自己:"如果我下定决心,每天都要表现出最佳自我,会有什么改变?"他的答案是:

- 我可以陪在正为考试而努力的孩子身边,不必等到他们都已经离开家了才叹息机会不再。
- 我可以重新和妻子营造良好关系,重建二人生活,不必等到孩子们离巢才试图弥补空虚。
- 我在部门会议上表现得更出色,而不是呆坐在那里看别人主导议题。

- 我可以更好地带领团队，激励团队成员，为公司提供更好的财务指导，而不是满足于平平无奇的绩效。
- 我可以主动拓展人脉，和更多专业人士保持联系，并接受别人的邀约，而不必总是以太忙推脱。
- 我可以重新骑上自行车，跟几千位业余选手在公路上追风奔驰，一起完成环法大赛，不必等到人老力衰才怨叹时不我与。

于是，戴维调整好心态后才开始行动。我后来再跟他碰面时，他刚骑完环法大赛。戴维谈到自己一马当先，率先骑到赛程中的最高峰，在等候队友赶上来时，稍微停下来看看远方的风景。那时候的他感到非常激动。看到四周的自然之美，戴维深刻地理解了，要成为自己理想中的那个人，何必要等十年呢。这个选择今天就掌握在他的手上！转换心态之后，他以目标为导向，不再把自己的"待办清单"放在第一位。这是我向众多领导者提出的重要观点。"待办清单"是永远办不完的。其实最重要的问题是，你想怎么"活着"呢？关键就是，你要把"存在"放在"行动"之前。

将不可控变为可控，快速扫清前进障碍

世间虽多事，但你可以选择怎么回应

在二十世纪中，发现"刺激"和"反应"之间还有一个"选择"，可能是心理学界的最大突破。尤其是维克多·弗兰克的非凡著作，让我对这个观点深有所感。弗兰克的重要著作《活出生命的意义》（*Man's Search for Meaning*）深刻陈述："人的一切都可以遭到剥夺，唯有一件事除外，这也是人的最后自由——不管遭遇到什么状况，我们都可以选择自己面对的态度，选择自己的方法。"

人生总是会发生很多事情，但我们可以选择如何去面对，而选择的结果也会决定生活对我们的影响。比方说，有意识地选择我们要成为什么样的人，对我们的表现和行为就会产生很大的影响。

修先生是某跨国大企业的美洲区总裁，他一向主张选择的力量，并大力倡导，鼓励他的团队和员工全心全意地体会和认识到这一点。比如说，星期一早上，大家正从周末休假的闲散中转变过来，修先生会满怀感激地向上班的员工道谢。这让大家觉得很奇怪，他们从来不曾因为只是来上班就被感谢；修先生解释说，这是因为他知道大家的选择。他们选择进入这家公司，而不是去竞争对手那里；他们选择来公司上班，而不是待在家里跟家人在一起。他感谢来开会的团队成员，因为大家选择齐心协力一起合作，而不是各自为政、单打独斗。修先生的态度对于员工的参与产生了重大影响，这从公司整体的出勤率即可看出。而且大家对修先生表现出来的忠诚和信任也已经到了传奇的程度。

但是你的选择是否让你朝着自己想去的方向前进呢？根据心理学家的估算，我们每天大概会产生七万个想法。这可真是不少，平均每小时三千个，一分钟就转了五十个念头。每个想法都可能成为一种选择。但选择有些是意识下的产物，有些则不是。我在工作中发现，如果我们没有做出明智的选择，那就是有什么因素阻碍了我们。

有一次，我为一群高级主管上多元与包容的发展课程，我们谈到怎么帮助大家欣赏每个人之间的差异。课程中，我们探讨了偏见,包括有意识和无意识的偏见。有一位学员就说,她知道自己对"懒惰的人"很有偏见,大多数的人也都点头表示同意,因为大家都不喜欢不努力的人。我的确也是这么想的,但还是反省了一下,并且鼓励大家继续思考,因为会去上班的人很少会故意选择懒惰或表现不佳。我的经验是,如果有人表现欠佳,必定是有什么理由,因此在做出任何假设之前,我们是不是应该先去了解他不能发挥潜力的原因何在。我要求学员们考虑可能导致懒惰的原因,他们想出一些,包括:

- 在家庭中遭遇到一些个人问题;
- 缺乏执行任务的能力和技术;
- 跟直属上司或同事的相处有问题,因此缺乏动力和愿望;
- 不赞同组织的策略或文化方向。

我指出,我们一定要注意自己的想法,因为这些都会引导出我们做出选择。认定某人懒惰,会导致我们选择忽视、躲避或容忍这个人,而不是去了解到底出了什么事。要是自己受到别人的忽视、躲避或容忍,你自己会有什么感觉、会如何反应呢?你一定无法表现出最好的自己,而且身为领导者,这种做法也肯定无法帮助对方识别并克服他们前进道路上的障碍,从而提高他们的表现。

在意识层面上了解自己的选择,是非常重要的技能,如此一来才能发挥选择的影响力,我们在人生中就不会只是随波逐流的乘客,而是坚定地坐在驾驶座上驾驭自己人生的司机。如果你能认识到,人生的一切其实都是选择,那么你必定会感受到一股强烈的自由气息。你不必再对周遭发生的各种事情逆来顺受,而是学会深思熟虑地选择自己应对的方式。在这个祸福难测、万事万物都具有不确定性的世界中,我们慎重选择应对方式的能力才是挺身迎接挑战和不断发展的必备素质。

将任务变为意图，每件事都能充满意义

意图激发结果

除了选择之外，还有一个更深层的因素也有助于塑造心态——意图。我们的每个行动、思虑和感觉都出自某种意图，而意图是产生结果的原因。因此，我们所持有的每个意图，不管是有意识或无意识，都会产生某种结果。因此我们要对每一个行动、思虑和感觉负责，也就是说，对我们的每一个意图负责。当我们有所打算，也就等于在这个意图之中播下创造的种子。

比方说，一样是过日子，我们可以活到老，学到老，也可以只是过一天，算一天；我们对于他人，可以想方设法地给予激励和启发，也可以静默忍受，不置可否；我们可以抱着创造新可能的意图,也可以跟着别人庸碌前行;我们的意图可以由目标领导,也可以放任自己被领导。这其中的差别,就在于我们的一念之间。

我写的第一本书叫作《虽然成功,但有些东西不见了》(*Successful But Something Missing*),说的是我前一阶段生活和事业的感想,我虽然完成了许多目标,却感到空虚不已。我曾经以为成功就是做完清单上的每一件事,但我还是对于自己的每一天是否成功而烦恼不已。但因生活所迫,这时候我也只能自立自强,找到适合自己的解药,因此我有意识地要让自己每天都成功。这对我来说是个有挑战的想法,所以我必须采取一连串务实的步骤才能实现。

我的第一个行动是,每天早上在我的日记里写下今天想要成功的意图。不是明天、不是实现目标的时候,而单单是指今天。然后我问自己:"等到今天结束的时候,我怎么知道自己是否已经成功?"于是我写下三个重要标准,以此衡量今天是否成功:

1. 激励参加领导课程的学员;

2. 帮助领导者发现他们的核心目标;

3. 回家以后能跟孩子们在一起。

我抱着意图采取行动之后，每天都是以此为依据来做出选择。我选择每天运动，因为我知道运动让我精力充沛，在传授课程时必然士气饱满。我选择深入倾听客户，让他们觉得自己被理解。我选择回家后跟孩子们一起玩，而不是瘫在沙发上像团烂泥！

这样做的结果是，我和成功的关系也因此出现变化。我每天都能真正感受到成功的滋味，那不只是完成什么任务而已。因为我想要成功，成功也就成为一种有所意图的心态。

罗伯是个很厉害的业务员。他是某大型媒体公司的销售与采购部门总监，他的经营方式大概是我看过最具侵略性的。当我们开始训练课程时，罗伯正因为几个已经设定死的目标忙得晕头转向。投资人和分析师对于公司的评价，就全看他能否圆满达成目标。那段时间，罗伯在工作上和家庭中都面临极大压力。罗伯已经结婚，有两个小孩，但他很少回家。就算回到家中，他也早就累坏了，完全无法保持清醒，而且心情也不太好。后来他太太就给他下了最后通牒：再不改变，这个婚姻就算是完了！罗伯烟不离手，抽起烟来一根接着一根。他说这样才能保持清醒。后来公司的医生也给他下了最后通牒：再不戒烟，你就要倒大霉了！当我找他的同事进行反馈访谈时，第三个打击清楚而响亮地到来：如果他在公司的霸主姿态再不收敛，同事们便再也不愿跟他合作……

那么改变要从哪里开始？意图。罗伯答应来参加训练课程，我让他快进到人生的终点，回头看看自己的一生。你希望在自己的丧礼上，看到、听到、感受到什么呢？我叫罗伯为自己写一篇哀悼文，写出他希望跟大家分享的，他在生活、工作、家庭和社会方面取得的成就。

这是一个极具突破性的时刻。在他的反省和回忆中，并未谈到不惜代价达成目标、家庭四分五裂，也没说到抽烟恶习加速自己的死亡。出现在悼文里的，是他想成为伟大的领导者，因为他有能力培养他人、促进团队合作来提升绩效，因而受到大家的尊敬。身为人父，罗伯认清自己的真正意图是想要成为充满爱心、提供支持，并且趣味十足的爸爸，能在养育孩子方面发挥积极作用。作为丈夫，罗伯确认自己的意图是尊重婚姻，尽己所能点燃配偶心中的爱情焰火，不管现在那株火苗是多么晦暗微弱。罗伯更写道，他最终的意图是：让世界变得更美好。

回忆和反省结束后，我们再开始另一项练习，找出未来三年的意图。我让罗伯专注在未来的十二个月，他希望自己的意图是什么？"要把握现在。"两年后他的意图是什么？"要受到启发。"三年后他的意图是什么？"希望自由。"然后我们把每个意图分解成一套明确的衡量标准,让他知道自己是否成功。这就是指导他未来选择的路线图。

罗伯对于成果感到惊讶。他几乎是在一夜之间就戒了烟。过去多年,他戒了好几次都戒不掉,我问他这次感觉有什么不一样,他说每次想抽烟的时候,那个"把握现在"的意图就会出来敲警钟。要是他再继续抽烟,就不是在把握现在。这让他有勇气抵抗吸烟的冲动,最终戒除恶习。他也找来个人助理重新安排工作日程,每个礼拜一定要空出两天可以准时下班回家,陪伴孩子,为他们讲床边故事。他每个月都会找个星期天,请爸妈过来帮他照顾小孩,好让他有机会跟太太重新培养感情,挽救婚姻。他主动向团队和同事寻求帮忙,请大家指导他的计划来达成目标,而且愿意实时做出相应调整,这让大家都感到非常惊讶。而他做出的种种必要改变,不但让工作得以继续进行,也带来了更好的成果。

"意图"正是我们必须每天锻炼的领导力量。我建议大家,每天都可以问自己这些问题,让你不会偏离正轨:

- 你今天的意图是什么?
- 你今天要主持或参与的会议,意图是什么?
- 你即将要展开的对话,意图是什么?
- 你今天要上台做报告,意图是什么?

- 你身为朋友，意图是什么？
- 你身为父母，意图是什么？
- 你身为合作伙伴，意图是什么？
- 你身为社区成员，意图是什么？
- 你身为领导者，意图是什么？
- 你掌管这家企业，意图是什么？
- 你作为一个人，意图是什么？

如何利用这些问题的答案来促成改变和发展，可以用电视节目"奥普拉秀"来做例子。奥普拉曾说："管理我生活的头号原则，是意图。"她说她的最终意图，就是对世界有所帮助。她曾找来所有制作人开了一次盛大的会议，她说："我们现在要变成一个有意图的电视节目。"大家当然会问："这是什么意思？"奥普拉回答说："我们秉持着让大家表现出最好自我的动机，继续来做节目。我们要成为一股促进良善的力量，这就是最终意图。"

根据你问自己的这些问题，你可以利用你的答案来指导你自己。比方说，如果希望自己主持的会议大家能充分参与，那么你要选择创建一种互相倾听的环境，让大家都能说出自己的想法，以大家提供的意见来形成共识。如果你身为父母的意图是陪伴孩子把握现在，那么一天工作结束后你就要回家，关掉那些吵个不停的电子通信设备，不管孩子们要做什么，你都得陪在他们身边。

你可以随自己高兴，认真面对那些问题或者不当回事。但等到一天结束的时候，你的生活终究会反映出你的意图。

用目标心态领导你的生活

追随你的热情

我们探讨了自动反应、选择和意图的区别,加上从行动心态转变为存在心态,这条目标领导的道路正在贯穿你的生活。这一切都要从目标领导开始考虑,并需要谨慎设定意图。

爱因斯坦曾谈过一个观念,他说:"如果应对问题的意识层次,与问题产生的意识层次处于同一水平,那么问题将无法得到解决。"因此各位如果只专注于行动,不想办法提高思维水平,就不可能做到目标领导。因为我们受到的训练是采取行动,我们因为行动而获得奖励,所以我们沉迷于行动。但光有行动,并不能保证你的行动是正确的。

戴维是勉为其难才来求助的领导者。他公司的 HR 介绍我们碰面，但他可不太乐意见我。他不相信什么个人发展，也不想跟哪个培训师一起浪费时间。但他也没有太多选择，因为他最近参加了一项未来评估的测验，结果显示，他的领导风格存在问题需要解决。评估报告说他太过于吹毛求疵，让底下员工很难办，不切实际的步调，让大家没时间提供优质成果。而且他倾向过度指导，更让员工觉得毫无自由。

开始的时候，我先询问他的领导哲学，以了解他做了哪些事、为何这么做，以及他对自己扮演的角色有什么价值等看法。但戴维只是简短响应。他说他不是个领导者，只是一名技术专家（虽然他底下已经有三千多个员工需要带领），他的角色只是达成某些数字目标。这时候我意识到，直接切入领导能力的问题并不能得到答案。于是我先退一步来探索，想了解目前为止塑造他职业生涯的因素，并探讨对他未来的影响。他同意这么做，但也很快告诉我说他的生活一向平安无事，所以也没什么可说的。但是两个小时以后，戴维的生活经历还没说完，所以我们不得不再安排第二天的课程。第二天，我们又讨论了三个小时，戴维描述了他丰富的经历，以及对他的职业生涯和领导能力的诸多影响。

在他过去的经历中，有三种重要价值观凸显出来：做对的事情、设定高标准，以及完成工作。这三种价值观对戴维非常重要，这是受到他父亲的强烈影响，而父亲过去正是戴维的重要榜样。当我们检视他的目标时，戴维自己也不太清楚。他只知道自己在变化中逐步成长，也勇于挑战现状。当目标向上提升，需要他竭力达成时，他的表现会更好。他也很看重对他人的忠诚，包括对朋友和家人。我们探索了他的目标，最后得出结论：成为机会创造者。这句话令他感到强烈的共鸣，也点燃了他心中的火焰。

我问戴维，如果摆脱过去的想法，以目标导向来进行领导，会是什么状况？起初他不敢确定，因为具体想象起来并不容易。接着我引导他说，如果他每天都要成为机会创造者，那么根据这个目标来领导，他要做些什么？他的回答如下：

- 寻找公司成长的新机遇；
- 培养人才，鼓励大家发展和成功；
- 把问题当作是学习和不断改进的机会；
- 建立关系以取得更好成果；
- 保持充沛的能量，在自己的专业领域达到最高峰；
- 做出贡献。和他初进入公司时相比，为公司、产品和人员创造更好的条件和状态。

经由这些证据判断，戴维知道内心的目标何在，他也因此在内心注入动机,让自己表现出最佳自我。然后我请他再想一想,要是这六个因素成为他领导架构的支柱会怎样。这下子他懂了。戴维第一次体会到领导力可以跟他自己认为最重要的事情真正地联结起来,领导也不再只是干巴巴的理论概念。

接下来,我们把他的目标领导架构演化成生动的领导方法,画出一张路径图,让他清楚了解自己的领导力应该是什么样子:

目标领导架构

	目标领导指标	成功状况
目标:成为机会创造者	推动公司成长	准时按预算完成目标收购
	培养人才	确保高级领导团队在年底前确立接班人
	持续改进	推动成长思维,让每个人都为实施改革计划负起责任
	建立关系	提供显著的领导协助,强化关键利益者的关系
	充满能量	管理自己的健康,才能表现出最佳状态
	做出贡献	创造出适合创新品牌及提供卓越客户服务的好环境

接着我们让戴维进一步深入思考,把目标领导扩展到他生

活中的重要领域。我请戴维好好想一下哪些是最重要的因素，可以证明他是朝着目标前进的。最后他提出：维系亲情、确保个人幸福、持续学习及成长、维护友谊和感恩反馈。我们把这五个项目列进在他的个人架构中：

目标领导的生活架构

	个人目标指标	成功状况
目标：成为机会创造者	维系亲情	与家人共度美好时光，满足每个人的需求
	确保个人幸福	培养良好习惯，维持充沛能量
	持续学习及成长	培养求知欲、开放心态和追求成长的热情
	维护友谊	与富有同理心的朋友多加亲近
	感恩反馈	多做有意义的事，创造成效

戴维发现，把目标应用到工作和生活中之后，自然能够把自己觉得最重要的事物整合在一起，不会再像过去为了优先级产生矛盾和冲突。他在决策方面的质量也显著提升，因为他很清楚自己目标何在，面对繁忙的日程安排也不再慌乱。

目标导向让工作和生活跟过去完全不一样，有助于明确方向感和信念，带动你前进。执行的方法是采取以下步骤：

目标领导的步骤

1. 了解你的目标	明确定义自己的目标，对于自己的人生也就有了绝佳信念。
2. 摆正你的心态	每天花点时间有意识地下定决心，无论碰到什么状况，都要把自己的目标摆在首位。一整天忙下来你可能会忘了，但你随时都能重新设定意图。
3. 定义成功的标准	明确实现目标的判断标准，并知道你想创造什么。
4. 采取具体行动	制定具体计划的步骤，以遵循你的目标。
5. 检讨成果	一定要另外抽时间来检讨进度和挑战。这也是你和信任的知己分享心得的好时机。
6. 鼓励别人也以目标为导向	当你鼓励别人找到并实现他们的目标时，也会提高自己目标的清晰度，必要时及时修正路径。

第四章

培养目标技能，促进目标实现

卓有成效的六大目标技能

跟学习语言一样，目标领导也是一门艺术，也需要技能

要是缺少目标领导的意图，那么什么也不会改变。但除非你同时掌握了以目标为导向的技能，否则还是会偏离依循目标的轨道。你会时常遭遇挫折，到了某个时候可能就会放弃以目标为指导的想法，因而无法收获它的价值。

好消息是，目标领导的确有一套定义明确的技能，如果可以付诸实践，就能确保逐步实现目标领导。我坚信逐步修正、持续改进是最有效的做法，换句话说，要专注于长期的逐步改进，而不是幻想一夜之间自己的生活就会天地翻转。

如果你将这六个基本技能运用到领导或生活中,将会对你的领导力和有目标的生活产生重大影响:

目标技能包

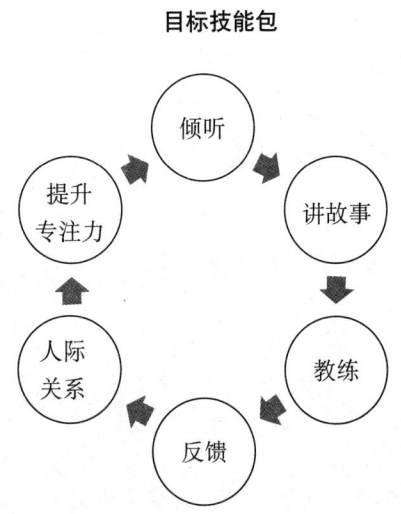

倾听，有效共情

低劣领导的最大问题之一就是不能好好倾听

你热衷哪些事物呢？我在指导目标领导的配对练习时，通常会用这个问题来传授倾听技巧。大家都会有五分钟的时间来了解自己的伙伴，结果也总是让我感到惊讶。透过切实的倾听，彼此之间在五分钟之内所了解的信息，往往比并肩工作甚至相处多年还要多。

在美国的某次课程中，有位经理和他的下属一起做这个练习，这位直属上司由此才知道下属心中的一件大事。那位下属每年都会要求休假几天，带他弟弟去迪斯尼乐园玩，经理也总是会准假，但从没多问什么。在这次倾听练习中，他才知道下属的弟弟是行动不便的残障人士，一年一度的迪斯尼之旅是他整年最盼望的事。经理觉得很过意不去，这么多年来竟然都没想过要问一问。

然后，我要求学员列出正确倾听的特点。他们的回答包括：

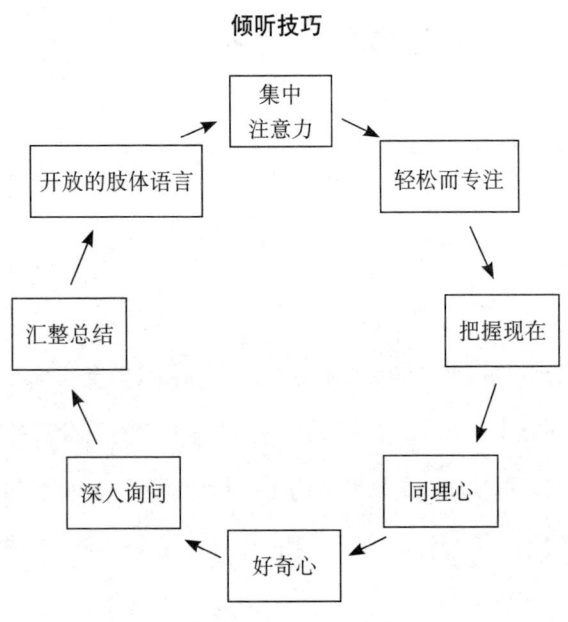

倾听技巧

掌握好这几个特点，你也可以成为出色的倾听者。用心倾听会对人际关系的质量产生深远影响，因为倾听才能将同理心化为行动。用心倾听表示你在乎，这对对方很重要。这也会鼓励你保持开放心态和好奇心，让你能专注于对方，更深入地询问，而不是只专注于自己的想法。我们必须克服现代社会在科技、时间和交易上的诸多干扰，才能用心倾听。倾听正是把目标付诸行动的一种方式。

我深入研究倾听后，有两个重要心得：
1. 谈话内容的质量会决定倾听的深入与否。换句话说，内容如果有趣生动，会吸引大家用心倾听。
2. 听众的水平，也会决定沟通的质量。唯有用心倾听，对方才能充分表达。

我在职场中发现，领导技能最弱的一环通常就是倾听。比方说，有些很有能力而且对公司忠心耿耿的员工，辛苦花费几小时（甚至是几周、几个月）准备资料向主管汇报，却在会议上遭到冷遇，这种事情总是让人很生气。那些员工在进入会议室之前通常就已经很紧张了。因为主管们时间紧张，所以员工都被告知报告要简短。他们进入会议室的时候提心吊胆，迎接他们的只有主管们冷漠的眼光，有些主管甚至还在看手机。当报告的员工想跟主管们拉近距离，却被告知要赶快做报告、赶快讲重点，或者主管上来就提要求。像这样的环境绝对不会有利于倾听，无法鼓励大家畅所欲言，更不用说为整个事业提升价值。主管们不能用心倾听，会让员工失望，有些非常有才华的领导者之所以被逼到要退出职场，有时候正是欠缺倾听技巧所致。

我清楚地记得，以前公开演奏小提琴时，现场观众的倾听效果会给我带来很大的影响。如果是为一群心不在焉的孩子演奏，台下会不时传来窃窃私语、咳嗽或窸窸窣窣的声音，这往往对我造成极大的干扰，让我无法充分表现实力。相反地，面前如果是热爱音乐的观众，我就能展现出更优越的水平。

我们每个人天生都有很棒的倾听能力，但它就像肌肉一样，也需要常常伸展运用。以下是我们必须注意的五个倾听层次：

倾听层次

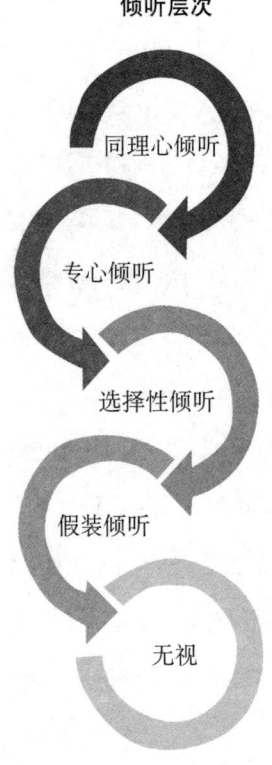

各位一定要留心这五种不同层次的倾听,知道自己大部分时间停留在哪个层次,才能充分认识自己可以发挥多大影响力。你是不是根本心不在焉?你是不是很擅长用点头和礼貌的姿势来伪装自己?是不是别人说到你关注的议题,你才会特别留神,一旦话题转变又开始走神?你能否努力集中心神,表现出关心,提出相关问题,发表有建设性的评论?

倾听的最高层次是同理心。这是你暂时放下自我,表现出百分之百理解他人的诚意。你不是在等待空档,想趁机展现自己的观点;你不是在对方思考过程中找碴儿,想看他出错;你不是一再质疑对方,想逮到他的错误。你真正想做的,就是倾听。同理心倾听会带来新的可能性、另类想法、更清晰的理解、更深入的感动,从而找到解决问题的方法,建立彼此之间的信任。

关于领导者,我听过最严重的批评之一就是说他们不会倾听,这一点都不奇怪。你的倾听能力一旦出问题,往往就很难改变。你会倾听吗?你的倾听潜力是不是都已经充分发挥出来了?为了成为更好的倾听者,你需要做些什么?

倾听的需要也不只限于工作场合。然而当我问领导者,他们回家以后,倾听层次是上升还是下降,大多数人都出现了内疚的表情。他们承认,回家后,原本就不怎么样的倾听能力变得更糟糕。那些领导者说,他们在家里常常还是在检查邮箱,因为工作的事情而分心,人在家中、心却不在,也没仔细倾听家人说话。

我的训练班上的一位模范领导者说,他规定自己回家时要把公文包和手机留在车上,如此一来,回家后就能好好倾听家人的心声,而不是沉溺在自己的小世界中。另一位我培训过的企业法务部主管,甚至跟自己的孩子们签约,保证自己会充分倾听孩子们的心声,照顾他们的心情。也许她出自法务部门,白纸黑字写下来,才能更好地按章执行吧。

从各方面来考虑,领导者要扮演的角色就是倾听。而倾听跟其他任何技能一样,每天练习、养成正确的习惯就会做得越来越好。

讲故事，争取认同

争取认同的方法是透过故事

菲雅最近刚刚升任首席执行官。她以前虽然在公司担任运营总监，有丰富的经验，但员工们还是感到不安，觉得她这个人常常草率地评判他人，而且对于业绩数字斤斤计较。虽然这些特点正是她升职的巨大优势，但未必会在未来助她取得成功。我在那段时间正好一直在指导她，并且帮她准备一场在公司外有一百位主管参加的会议。我知道她想在这个升职后首次的主管会议上传达营业数字上的信息，她的想法大概就是：能够达成数字目标，各位就安全；要是不能达成，你们就完蛋！

菲雅给我看她的演说草稿，果然都是在谈运营计划要怎么做、达成什么成果。我问她，这场会议要达到怎样的效果才算成功，她说希望可以激励、启发自己的团队，让大家热情参与。

但是，以她目前准备的草稿看来，可以达到这个目标吗？不能。之前我们的合作已经超过一年，我打算在这段时间完成她的工作和生活时间线练习，以便找出她的目标和价值观。她过去给予生活和事业影响的重要事件，就是一系列动人的故事。我认为与员工分享她的人生故事、了解她的心得和感想，就是和团队交心的好办法，这一定可以提升大家的热情，争取认同。

菲雅同意我的构想，于是用自己的故事制作大纲。我鼓励她使用一些私人照片，但不要做成PPT，不要像在做业务发表一样；上台之后，一定要由自己的内心来说话。她利用自己的一些老照片来讲述自己的过去，说出她想表达的重点。第一张是菲雅小时候在她爸妈店里工作时的照片，她说她在那里认识到了职业道德和对于客户的服务热忱。接下来一张照片是她上大学之前在亚洲旅行时拍摄的，她留下最心酸的回忆之一，就是在印度的孤儿院做志愿者。她说到那群孩子的贫穷困苦、无依无靠，令众人动容。然后菲雅跟大家分享自己孩子的照片，她有两个儿子和一个女儿。其中一个男孩子把头发染成蓝色，菲雅因此谈到自己珍视差异，鼓励大家表现出真正的自我。最后一张照片是菲雅在勃朗峰[1]的登顶照，这展现她不惧艰险和

---

1. 勃朗峰：阿尔卑斯山的最高峰。

超越高峰的热情。

对于菲雅分享的心得和感想，团队的响应是一致的赞扬和欣赏。她的人生故事仿佛把所有的片段都拼凑起来，完整呈现出她一直以来的领导方式：重视提供优质服务、努力工作、发挥潜力、多元与包容及实现卓越绩效的核心驱动力。和之前我们谈过的苏珊一样，她不偏不倚地朝着自己的目标前进：让大家表现出最佳自我，迈向伟大。她认识到，正是通过分享自己的故事，才奠定了目标领导的基础，带领大家和她一起向前迈进。

故事产生连接，建立关系，提供洞察力，这是最有力也最有效的沟通方式。目标领导就是要具备创造及分享故事的技能，你的目标才会真正实现。首先是创造自己的个人故事，和大家分享。以下几个例子，说明领导者运用自己的故事来连接众人，建立领导所必要的信任，建立高效团队，并且向大家展现身为领导者所主张和拥护的价值为何：

保罗过去在快消行业的公司担任部门主管，当他转行进入能源行业后，发现自己要扮演的角色跟过去完全不一样。新公司虽然以坚如磐石的价值观形成强大的企业文化，但是在巨大的消费压力下已然迷失方向。保罗自有一套明确的目标和价值观，希望员工团队可以尽快了解他的主张，以最有意义的方式增进彼此的理解。我们在一家乡村饭店举办训练课程，准备把这件任务解决。作为前期工作的一部分，我们要求成员根据他们觉得重大的三个事件，来准备自己的个人故事，这三个事件必须提供了经验教训，塑造了他们的生活，并且让他们找到了自己的核心价值观。另外，我也要求他们回想过去的最佳状况，以思考他们的个人目标。

保罗一开始就说了自己的故事，为整个活动定下基调。他用故事和大家分享他的核心价值观，包括：专注、公平和家庭。有位团队成员说保罗的简短故事马上让人了解了他的为人，足可省下半年的摸索！团队成员也纷纷效仿他的方法。特别值得一提的是，有一位资格最老的团队成员，外表看来颇为强悍，但她却分享了个人最为私密和伤痛的故事：她曾经在生产时失去了一个孩子。其他团队成员没人知道这件事，而以此为契机也催生了团队的同理心，这是之前大家都未曾达到的层次。

莎莉以前在银行任职，最近转行到服务业。从内控严格的银行业转到以合作为基础的服务业，在企业文化上，她感受到很大变化。莎莉的团队对她最常见的批评，是说她缺乏信任感。但她以前正是以信任为中心，为建立高绩效团队而感到自豪，所以这个反馈意见对于她而言可谓闻所未闻。我们决定举办一场发展会议来处理这个问题，探索这个状况的根源何在。我鼓励她运用讲故事的方式来建立关系，深入了解大家的想法。这让莎莉有机会展现自己的脆弱之处，这完全出乎团队的意料，马上就打破了上下级之间的隔阂，为日后以建设性方式来解决信任问题创造出适当条件。

要把故事说好，需要以下六种技巧：

1. 明确你的目标

要充分把握自己的目标，你的所做所言是为了什么，为何要分享你的故事，这样大家才会理解和相信。要是一开始就欠缺明确目标，就难以发挥全力来激励团队、争取认同。

2. 真心诚意

有能力展现真实自我，以公开透明的方式和他人产生联系，大家才会从你的故事里真正认识到你这个人。

3. "三"点原则

我认为无论要传达什么讯息，都要包含三个基本点。

- 如果你要说的是你个人的故事，那么请分享三个关键主题来说明你的目标。
- 如果是与公司愿景有关，也请分享三个关键主题来说明你选择的方向。

4. 故事必须简短

有明确的开头、中段和结尾。简短更具说服力，也更为清晰。

5. 运用创意

运用语言、比喻、意象、叙述和寓言来召唤情感，才能强化故事内容，把事实更生动地表达出来。

6. 练习

讲故事是一种你可以不断改善进步的技能。我刚进入这一行时，有位领导者给了我很棒的反馈，他说我应该多多分享自己的故事，这会让我的演讲更为真实感人。我因此刻意磨炼讲故事的技巧，如今大家都更加重视我的故事，而且也喜欢听我讲故事。

不管你在工作职场上扮演什么角色，故事都会加深信任。故事可以产生联系、发展关系，让工作更加人性化、更有人情味。在社区中，故事可以化为沟通的桥梁。在家庭中，故事呼唤记忆、创造情感联系。我们所处的世界，大家的关注点时时刻刻左摇右摆，因此掌握有效的讲故事能力正是激励、吸引他人注意力的基本技能。

教练，强化领导

教练技术使人发挥潜力

教练技术是源于苏格拉底的学习方法，运用一问一答的方式来引出真理。它的运用范围非常广泛，包括父母教养子女、老师教育学生、朋友间相互支持、领导者激发团队潜力，都能通过潜心运用教练技术以获奇效。教练技术的前提，是假设大家心中其实都有自己的答案，那么经过一问一答的探索过程，刺激对方深入地反复思考，解决方案就会浮现出来。之所以运用教练技术，是因为我们相信对方有潜力自己得出结论，否则我们很快就会恢复到过去的指导沟通方式，直接告诉对方应该做什么。尽管是立意良善，但长远来看，直接指导对方该做什么，会降低对方自我学习的效果，难以发展实力。

"你现在心里有什么事吗?"这是我在教练课程中,问戴维的第一个问题。他自愿在伙伴面前接受教练,那是由二十四位工程师组成的团队。被问到这个问题时,戴维用手抱着头,停顿了一下,仿佛要永远沉默下去。他语带沉痛地表示,去年他在公司进行的大型计划失败,耗费了数百万英镑,负责计划的主任说他该负责。这件事让戴维怀疑自己的能力,也让他的名誉受损。一直到现在,戴维都没跟任何人说过这件事,包括他的太太。

我给戴维一些空间来进行反省。我问他,希望从我们的教练对话中,获得什么样的成果。他说他希望找到解决问题的办法,以及未来的前进方向。虽然我们只有三十分钟的时间,但透过一连串深入的询问和探索,他认识到那桩计划失败绝对不只是他的责任。于是戴维找到几个切实可行的步骤来解决问题,首先是收集各方面对于计划的反馈和意见,以及他个人对计划的种种贡献等信息。如此一来,他再回去找主管讨论时才有强有力的事实做后盾,便于直接展开对话,消除疑虑。如果我直接跟戴维说他不必自己全权负责,让他再回去仔细检查实际状况,我想效果不会像他自己得出相同结论那么好。

教练技术的重点在于释放实现高绩效的潜力。它的基本假设是:

教练技术的假设

绩效 = 潜力 - 干扰

我们的表现等于潜力减去干扰。换句话说，如果我们能够找到问题症结，降低干扰、排除阻碍，潜力就更可能转化为绩效。这需要专注于问题的根本原因，不要被一些不重要的问题分散注意力。运用教练技术，通常能从学员个人或团队中找到真正能解决问题的方法。教练技术的作用，是帮助大家认清问题核心，因而激发出新的可能性。

教练技术不是直接下指示，而是帮助学员自己去找到答案的学习方法。这是我见过最有效的方式，可以提升学员对问题的认识，引导出新的见解、触发新的行动。我们的大脑需要时间来解压，而教练技术可以让大脑前额叶皮质区的活动降到最低，这是负责逻辑思考的区域。事实上我们在碰到许多问题时，都需要先暂时停止理性思维，才能从新角度找到新见解。而回忆和反省会刺激大脑右半球的活动，这是强化透视观察的重要区域，让那些零散的信息逐渐形成看法。当新观点确实出现后，就会开始快速释放脑波，所谓的"伽马脑波"，即表示大脑各个区域正在加强联系沟通。新见解出现的时候，我们才能进入有别于以往的状态，来决定采取哪些正确的行动。

苏菲亚是我所见过,最有动力最聪明的领导者之一。她最早是策略顾问出身,后来进入一家全球性的保险组织工作。我们为她进行诱导训练,是从她在公司担任首席营销官的新角色开始的。这在责任上是个巨大转变,表示苏菲亚必须带领一个横跨世界各地,总数有几千人的大团队。一直以来,苏菲亚对于自我价值的评估,通常是在于推动大型计划并以此取得傲人成绩。但现在苏菲亚必须在思想上发挥领导能力,并且激励团队提出创意和构想。这对苏菲亚来说实在是个痛苦的过程,因为她原本想的是亲自去执行任务,而不是担任领导。

苏菲亚过去已经接受过几次教练咨询,也多次获得反馈意见。但这么多年来,每当她听到一些类似的反馈时,还是觉得十分沮丧:尽管人们看重她的智慧、干劲和激情,但他们发现她过于指令性,有时近乎咄咄逼人。我们同意让苏菲亚在寻求反馈意见之前,先想办法在她该扮演的角色上安顿下来,并且先找到她的目标再去推展计划。她知道目标这套概念,但她到现在为止还没得到确切结论。我后来在几次会议上持续地引导她,让她继续深入探索。她提出了一些关键主题,包括:简化复杂流程、寻求进步和促进伙伴合作关系。我请她继续反省思考,到底什么会带给她最大的意义和价值。

苏菲亚的思考引导出要完成某种改变的新观点,过去谁也认为她办不到：激励他人完成不可能的任务，并且实际做到确切的改变。这些新观点的核心信念是：事情总有进步的空间，其中没有任何限制，你可以全力发挥。经过进一步的反省和思考，苏菲亚体验到顿悟的那一刻，把"鼓励确切改变"作为她的目标，这需要三个关键条件来支持：乐观、勇气和真实性。

苏菲亚设定了目标，她充满活力，这是她承担领导者的活化剂。她认识到实现目标的唯一方法，就是要先争取认同，提升大家的参与度，而不是自己包揽所有的事情。对于这次诱导训练她非常感激，而且承认说，如果我只是直接指示她要怎么做才能成为高效率且鼓舞人心的领导者，她可能会拒绝我的指点。诱导训练透过反省思考，提高她对自己和环境的认识，并且因此创造出新观点。然后采取必要行动来领导团队，也就是水到渠成的自然步骤。

诱导训练必须相信对方心中已有答案。但我们在听人说话时常常迫不及待就想打断对方，把自己的观点说出来（倾听时间平均只有十八秒），这种情况非常常见。诱导训练就是要你先搁置自己的意见，专注地引导出对方的新观点。我的诱导训练技巧是欧洲商业训练创始人格雷姆·亚历山大（Graham Alexander）传授给我的，后来我和他一起写了一本书叫作《超级教练》（*Super Coaching*）。格雷姆跟我说过一个他在二十世纪七十年代初期在麦肯锡公司培训高级合伙人的故事。他对麦肯锡团队演示教练技巧后,有个资深合伙人当面吐槽说,为什么不直接跟学员说应该做什么,这样更快也更好吧。格雷姆闪电般回击说:"教练的作用就是要提出更好的问题。要让对方照你的意思做很容易,但要引导出一个自发的响应可是困难多了。"出色的教练是要把答案从对方那里"引导"出来,而不是"逼迫"他们服从。

在任何条件下,教练所需技能都在以下三个明确领域之中:

诱导训练技能

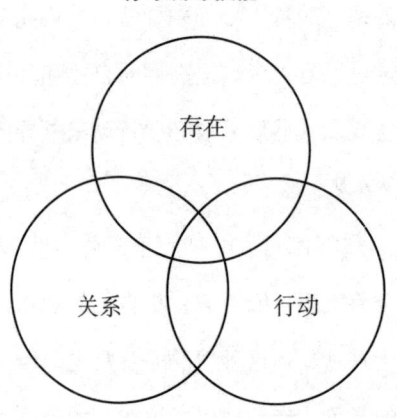

1. 存在

教练要求你必须真心诚意地专注现场,不带批判地引导对方表现出最佳自我。

2. 行动

教练的行动很简单，就是观察后提出更深入的问题，倾听和理解，并且汇整总结新见解。各位可以运用最流行的对话建构模式，即"GROW"模型：

- 目标（Goal）：定义对话的主题和具体结果；
- 现实（Reality）：探索成功的模型，找出应该弥补的差距；
- 选项（Options）：创造各种可能性来解决问题；
- 总结（Wrap-up）：测试选项、选定确切行动。

3. 关系

教练的基础是信任、尊重、支持和挑战，这些都是形成强大合作关系以加速发展的关键因素。

目标导向的领导者必须全心全意释放出他人的潜力，并采用教练技巧让他们全力发挥。

反馈，激励改变

反馈是鼓励的艺术

"我想给你一点反馈意见……"各位对这句话有什么反应？高兴还是害怕？遗憾的是，在组织中反馈通常与表现欠佳有关，几乎都是来自上级的批评。但事实上它应该是刚好相反的。反馈的真正定义是：鼓励的艺术。在提供反馈时，我们是在鼓励对方继续做他们已经做得很好的事情，或鼓励他们做一些改进。而在寻求反馈意见时，我们是在邀请对方检视我们已经做得很好的事情，提供新观点，看看还有哪些改进之处。

我很少碰到可以健康交流反馈意见的组织。而那种根据绩效考核周期，每年徒具形式、生硬地进行两次反馈，就更是糟糕。就算是这样，大家在给予有效反馈的能力上还是存有差距，所以我也常常碰到一些拙于反馈的领导者，他们因为无法提供有价值、富有观察力的反馈而苦恼。

有个星期五傍晚，我下班后正在回家的路上，电话响了。我不太想接，不过我看到是我教练课上某个高级主管打来的。玛丽会在这个时间打电话过来，可是有点不寻常。她简短问候之后，直奔主题："我要辞职了，我们那个主管，我已经受够了！"我插话问道："在你辞职之前，先告诉我发生了什么事？"她说她今天早上在董事会上做报告，她事前做了充分的准备以确保它成功。董事们对她的贡献好像也是热烈响应，提出很多问题，对她的回答也十分满意。但是当她要离开办公室的时候，主管探头进来说，早上那个会议可不是她的最佳表现。当她要求更多反馈时，主管只说她应该准备得更充分，才能产生更大的影响力。然后他就走了，完全没提供给玛丽任何可供消化的具体信息。他没问过玛丽对那场会议有什么看法，而且如果真没达到董事会期望的话，大家在会议上为什么不说呢？

这正是反馈不佳的典型案例，也很可能因此带来不好的结果。我鼓励玛丽，等下周再去找主管，要求对会议过程进行适当检讨，要是从中得到一些宝贵的意见，她也可以用正确的方式来接受。星期一中午我收到玛丽的信息。她说她周一早上就先去找主管了，请他把上周五的批评说清楚。让她很惊讶的是，主管根本不记得自己说过什么，甚至向她保证事情都按计划进行了，如果还有什么事会再通知她。幸亏她没有反应过度而递出辞呈，但毫无疑问的，在不恰当时机提出未经思考的反馈，实在是非常值得重视的问题。

与此形成鲜明对照的是，另一位 CEO 与下属之间的一对一交流成为非常愉快的过程。这位 CEO 吉娜对于培育、发展员工充满热忱，一向为帮助员工成长、发挥潜力投入相当多的精力。她每个月都会空出一天留给团队，每个成员都有一小时的会谈时间，但要怎么安排则由员工自己决定。吉娜很明确地告诉员工，这是他们的时间，由他们自己安排，只需提前告诉她想从会谈中得到什么。大多数成员都会讨论与工作相关的问题，以及个人发展。但是她对双向反馈的进行也设定了一个"四比一"的规定，也就是在提出一项个人失误或不足的事例时，也要提出四个优秀表现的例子。吉娜知道有项研究指出，我们的大脑在承受一个负面批评时，必须得到四个正面评价才得以平衡。这是因为我们往往比较在意负面因素，所以在消化负面批评时更需要正面评价来平衡情绪。

吉娜每个月都会收集一些案例，都是关于团队及成员的特优表现，或是一些可供改进的地方。她特别设了一个档案夹来收集这些信息，并要求团队也收集她的类似信息。因此这个团队在反馈方面具备非常强大的力量，对于给予和接收反馈都有明确的期望。事实上，大家都因此很喜欢接受和提供反馈，不一定要等到每月一次的一对一会面。他们已经养成习惯，在每次周会的最后大家一起检讨合作方式有无效率，并且在相互检讨中经常出现极富建设性的对话。他们运用最简单的对话架构："哪些方面的运作很不错？"以及"哪些方面应该采用不同的方法？"来引导出新观点。团队成员彼此也同意，同事之间可以用非正式的方式来提供及接受反馈，相互勉励鼓舞。这表示反馈已经成为日常不可或缺的互动，可以让彼此表现出最佳状态。

经常给予及接受反馈，才会让领导者和团队都获得好处。网球教练如果每年只给选手两次反馈，或许早在下一次建议之前，选手就输得惨不忍睹了。但是商业界却还是有人认为，高绩效主管就算欠缺反馈也可以让部门维持最佳运作。这个错误前提导致士气低落、团队缺乏凝聚力、绩效不佳，也难以达成目标。有效反馈可以透过三项关键技能来提供：意图、情感和数据信息。

如果你的意图是要帮助他人学习、成长和改善，那么不管你提供的信息多么难以理解，接收者也会回应初始意图。要是你的意图只是想暗中破坏，那么数据信息再怎么准确无误，也发挥不了任何效果：接收者会针对你的意图展开响应，再好的数据信息也难以增加任何价值。

反馈通常伴随着情绪，也许是积极正面的情绪，例如赞扬、欣赏，或者是消极负面的，例如沮丧、懊恼。因此，管理好自己的情绪非常重要，这样人们才能领会到你的意图，而不是情绪。我会鼓励领导者多使用表达赞扬、欣赏的话语，例如："我欣赏你的领导才能"或者"我希望你能做出改变"，这些话语都有助于缓和情绪。

数据信息的反馈必须具体、及时，并且是针对行为。比方说，要求一个内向的人变得外向，这一点帮助也没有。他们需要的是一些具体的行为建议，例如在开会时多提出问题，大家会认为他的确热烈投入，或者是更多的目光接触，也会带来更大影响力。

学会把反馈做好，正是展现出你帮助大家做到最好、实现卓越绩效并推动学习和发展的决心和承诺。

人际关系，发挥影响力

没有人际关系，就没有领导力

我曾在新加坡的洲际酒店集团主持目标领导课程，当时主要是针对亚洲、中东和非洲地区来进行。有位参与课程的总经理曾在南非约翰内斯堡负责管理桑顿大楼的洲际酒店，那是南非总统曼德拉在任的最后一年。当时他的饭店举办庆祝会恭贺曼德拉总统即将功成身退。因为是主办单位，这位总经理会亲自迎接曼德拉总统大驾光临。曼德拉虽然来得稍稍晚了一点，但还是花了十五分钟和这位总经理寒暄问候，又问了许多问题，来增进彼此的情谊。这次互动的影响，带给这位总经理终生难以磨灭的印象。曼德拉宽容慷慨的精神和悲天悯人的胸怀，令他自愧不如，更激励他日常与员工和客人的联系和沟通，都要以之为榜样。

目标领导所需要的技能中,如果有某一项特别重要,那就是建立有意义且持久人际关系的能力。我甚至可以说,领导就是人际关系。以目标为导向的领导者,就是要建立符合目标的人际关系。欠缺明确目标的领导者,只是在做生意,而不是真正跟他人联系在一起。

人际关系是有效领导的重要元素,估计没有人不同意这个原则,但是我看过的领导者中,很少有人具备高超技巧,可以建立符合目标的人际关系。最常见的状况是,双方因为必须完成任务才形成关系,而不是领导者表现深刻决心和承诺,把人际关系放在首位。

但戴维是个例外。他是建立牢固关系的大师,在建立互信互谅的伙伴关系上他不遗余力,这就是他的领导基础。作为一家全球性组织的 CEO,戴维有很多需要优先考虑的问题,但他永远不会忘记人际关系才是他的首要任务。他是领导力培训发展的坚定拥护者,而且会抽出很多时间来参与我的课程,分享他在领导方面的故事,展现出过人的领导能力。在打造人际关系上,戴维有各种各样的技能可资运用。

他在筹备会议之前的准备工作之一,是先确认与会人员,并且深入了解他们最近在公司取得的成果。他开始发言的时候，会围绕着团队成员做些简单介绍，并特别指出每个人的不同成就。这让大家都感受到自己受到重视，马上留下深刻印象：CEO花这么多时间来了解自己的所作所为，他必定是真正关心大家。然后戴维会鼓励每个人发问，他们想问什么都行。他会对每个问题详细做记录，然后在讲故事的过程中，把那些问题巧妙地编进去，做出回应。

有一次，戴维一早就来参加我们的课程，原本预定是一小时，但最后延长到九十分钟，这是我看过的最具深刻见解的会议之一，与会成员个个都受到极富意义的影响。那时候他还要去开另一个会，尽管时间已经迟了，他在离开时还是停留了几分钟，让任何想过来说再见的人都有机会握手道别。他的这些作为都传达出一个信息：他很看重每一个人，而且真正关心他们。

跟戴维形成鲜明对比的，另一个跟我合作过的所谓的领导者，他参加我在该组织中的目标领导课程时，心不甘情不愿，参与得十分勉强。这位领导者是在课程实施后才上任的，对于人际关系之类的议题毫无兴趣。他在公司担任营销主管，在提供数据信息和推动促销活动上做出的成绩，令人赞叹。但他对于跟他人往来的兴趣，实际上就是零。我在课程中不得不为他逐字逐句地编撰讲稿，希望他与团队能够更为紧密，结果他在场反而让大家感到不自在，也许一开始他不来反而比较好。他离开会议室后,我要求团队提供反馈,以确定大家是否都掌握到重点,并能提出见解。于是学员开始分享一些该领导者过去在公司中的所作所为。大家都会躲着他,不愿意跟他一起搭电梯,因为就算跟他站得那么近,他只是忙着打电话,这种经验实在是让人尴尬又痛苦。他在会议上跟大家的互动,只停留在做买卖的层次,他不会跟任何人进行情感互动。员工在公司里也几乎看不见他,他总躲在自己的办公室,很少在各楼层走动,更不用说主动去了解大家在其领导之下是如何做事的。

建立符合目标的人际关系,其关键技能是:

1. 定义每段关系的成功模型。

每段人际关系都自有其独特之处。你越清楚在那段关系中怎样才算成功,就越能运用更好的方法,创造更好的成果。

2. 要懂得包容。

我们每个人都不一样,有着不同的思维方式,处理信息、形成信念、表达情感、展示才华等方式也各有不同。人们以不同的方式在社会环境中各自生活,喜爱不同的工作方式、与他人缔造不同的人际关系。珍惜多元、包容差异,才能充分发挥每一段关系的作用。

3. 设定明确的期望。

人际关系的核心其实是管理期望。互动双方之间的预期和想要避免的状况,都要慎重考虑,彼此取得共识。

4. 沟通、沟通、再沟通。

各位一定要掌握沟通技巧,成为优秀的沟通者。也就是要学会倾听并以求理解,透过清晰的叙述,检验双方的理解,在解决方案上彼此达成共识。

5. 欣赏与赞扬。

你对人表现出欣赏,就会增加价值。珍惜人际关系并以之为重,就能在工作和生活中获得重大的价值。

了解人际关系的变化,会让我们更容易掌握各种状况,也能更适当地进行管理。我发现大家对于策略、活动、项目或任务,都会事先进行规划,但我很少看到有谁在建立和培养人际关系时,也会先进行规划。人际关系可能出现七种状况,对此加以学习可帮助我们提升自己的人际关系水平。

人际关系在早期阶段,比方说某个领导者刚上任,通常会唤起强烈的"欣赏"感觉。人们认识到自身的优势,并对未来非常乐观。时间一久,熟悉的程度增加,也就会产生"期望"。但这些期望通常不会明说。期望无法获得满足,就会带来"失望"(即使他们一开始并不知道在期望什么!)。失望一旦累积,心里就有抱怨、牢骚。这趟关系之旅的最后是,大家想维护自己的观点，证实自己对他人的看法"正确"，会去收集证据来证明自己是对的。那种闲言碎语最常在茶水间的咖啡机旁或走廊通道上出现。

人际关系七阶段

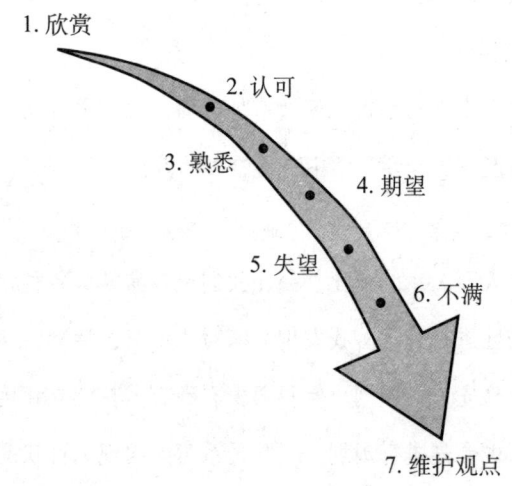

虽然人际关系如此进展的确让人沮丧，但还是有改善的希望。要让关系回到认可和欣赏，就需要适当地管理期望。所以明确彼此之间的期望，就变得很重要。

杰诺米在公司里是有抱负又有能力的骨干员工，高层领导对他相当器重，想让他快速升迁。因此提拔他带领一个新部门，并且还帮他换了一个新主管。结果很不幸，他在三个月内从"英雄"变成了"狗熊"。他跟他新上司的关系好像注定会失败。他们两个虽然都积极进取、个性强烈，但在杰诺米担任新角色之前，双方并未明确设定期望。

我接到了咨询电话，请我过去主持双方的会谈，以寻求解决办法。我一开始就请他们说明双方关系的成功模型。对于未来要达到怎样的成功，双方看法一致，并且都跃跃欲试。接着是要说明双方对于一起合作有什么期望。杰诺米的上司说她希望双方的互动比较紧密，每周报告一次进度。而杰诺米则希望可以自由选择合适的方式来处理工作，只要能够达成目标即可，他可以每个月向上司报告进度。于是他们两个看到彼此之间的观点差异。他的上司现在知道自己为何感到沮丧，因为杰诺米显然不愿遵从她想要的方式；杰诺米也看出他哪里没有达到上司的要求。于是他们一起设定了几个共同合作的期望，让他们之间的关系能重新回到比较良好的状态，一起珍惜共事的机会。

这世界有很多工作不必领导他人。但你若是想要领导，就一定要学会掌握人际关系。

提升专注力,把握关键

少即是多

我们生活在一个注意力不断被分散的世界,我们要专注于重要的事情越来越困难。以核心目标为导向,表示你知道哪些事情最重要,这样才能在现代社会中大步向前迈进。

西蒙刚刚晋升,这是他渴望多年的职位。然而两周后我们跟他碰面,进行每个月的辅导课程时,发现他已是琐事缠身,四面楚歌。我们开始与西蒙对话,谈他心里在考虑的每个问题。结果我找到了四十三个挑战,西蒙把它们写在便利贴上,贴在他办公室的墙上。他说他现在压力极大,一方面力求表现的压力很大,另一方面也无法做到新职位所要求的改变。我问他成功的模型是怎样的,他说是"专注",想要明确什么是最重要的,能够慎思明辨地采取行动去满足每个需求。我们把那些大大小小的问题分为三个种类:一、激励;二、策略;三、人事。西蒙说他如果缺乏激励,不能表现出最佳状态,他就会失败;如果他不能重新拟定策略,整套工作也会失败;要是找不到合适的人,那么这一切也都无法推进。

我们先厘清他的目标:做出具体实在的改变,让好事发生。西蒙原本是工程师出身,他的核心驱动力是了解细节、解决问题、采取行动。他说他在管理中扮演更大的角色,就有更多复杂问题需要处理,但过去的策略并无法应对新需求快速运转。我们把西蒙的目标应用到那三类问题中,我问他:"你的新角色如果能提供更多机会让你做出具体改变,你觉得怎么样?"西蒙在职务晋升后第一次深吸一口气。他说如果是这样的话,他一定会受到鼓舞和激励。"如果重新制定策略有助于实现目标,又如何?"西蒙这时厘清了整套思路,决定重新关注策略问题。"如果让合适的人担任正确的角色,能否有助于推动目标?"西蒙这时充满斗志,说他已经明确了正确方向,可以继续前进了。

《情商》的作者丹尼尔·戈尔曼(Daniel Goleman)在他的最新著作《专注》(*Focus*)中指出,我们的关注能力是由大脑两个非常不同的部分相互作用而产生的。那个演化历史较早、层次较低的大脑,主要是在意识之外运作,不断监视来自感官的信号。它像是个警报系统,提醒我们注意周围环境的变化、身体疼痛和过去的焦虑记忆。神经科学家指出这种"由下而上"的注意力是一种冲动,不受意识控制,通常是由恐惧和其他原始情绪所引发的。大脑的另一部分,即新皮层（neocortex）,是后来进化出来的大脑组织。这种由意识主导,"由上而下"的注意力让我们能够过滤干扰,把注意力集中在特定任务或思绪上。当我们的注意力在大脑这两个部分一直摇摆不定时,把握住目标能有效提升专注力。

除了目标之外,还有一些方法可以帮助我们提升专注力。这些都是在漫长历史中,从各种不同背景和时代中发展出来的技巧,适合各类生活方式和个人偏好。这些技巧包括：正念、运动、营养、写作、思考和对话。

- **正念**。我十六岁的时候,我的母亲带我去听关于冥想的介绍讲座。这种简单有效的心理技巧,能让我们的大脑发展出强大的意识状态,我很感兴趣。四十多年后的今天,正念已经是许多公司和组织常常开展的活动。在这个最简单的活动形式中,正念就意味着"专注"。它会高度提升你对事态发展的认知,不再只是反射性的自动反应。

练习正念只要花五分钟就够了。在椅子上坐好，两脚贴紧地面，把注意力放在呼吸上。吸气、吐气、吸气、吐气。思绪开始流动时，要注意它的动向（比方说是想到工作、任务、对话、问题或噪音等），再把注意力带回到呼吸上。不必刻意抵抗思绪游走的自然冲动，而是训练它回到当下。这个训练在睡前或刚醒来时做最好，不过要是在白天也能花五分钟练习一下也不错。

- **运动**。我们都知道运动和健康的关系，也知道要经常运动，但还是有很多人没有把它排进日常行程。关键是要找到适合你的运动。尽管大家可能都有不同的偏好，不过按照英国国家医疗服务体系颁布的最简单的指导来做也就足够了：为了保持健康，十九岁到六十四岁的成年人每天都要做运动，每周至少进行一百五十分钟适度的有氧运动，例如骑自行车或快走，每周至少两天进行肌肉训练，锻炼全身主要肌肉（包括腿、臀、背、腹、胸、肩和手）。运动对提升专注力非常有效，借由提升身体能量、平复情绪，运动能帮助我们集中注意力、控制冲动、提高记忆力和提升效率。
- **营养**。在我二十岁出头时，就有人让我吃素食。虽然对身体算是个冲击，但我很快就适应了素食的简单、朴素。

不过我还是会想念某些食物，尤其是白肉。从那以后我特别注意自己的饮食习惯，最近我在跟彼特·威廉斯（Pete Williams）合作，他是运动和医学专家，提倡推广"功能医学"（Functional Medicine）方法，帮助大家保持健康。重要的是小心分辨各种食物，有些可以提升注意力，有些会妨碍专注，应该避免。

- **写作**。写作的乐趣之一，就是可以消除身边其他的杂音，让我全神贯注思考事情。而且这也是个不太容易的挑战，因为写作必须非常专注，相当耗费心神！有一种很有效的写作技巧是来自茱莉亚·卡麦隆（Julia Cameron）极富开创性的著作《创作，是一笔灵魂交易》（*The Artists Way*）。茱莉亚解释说："我早上起来第一件事就是'写写写'。晨间随笔没什么对或错，这不是在创作艺术作品。你爱写什么就写什么，想到什么就写什么，反正只给你自己看嘛。晨间随笔可以激励、整理思维，安慰或是哄骗你自己。晨间随笔不必想太多，反正就是写三页，写什么都行，然后明天再写三页……"不管是什么主题，如果你想提升专注力，就写下来吧。

- **思考**。领导者最常抱怨的事之一，就是没时间思考。这的确是个大问题，因为我们付钱找领导者，就是需要他们多多思考，而且思考的缜密与否会决定成果的好坏。思考越是深入，成果就越好。要是你忙到没时间思考，那肯定不是一件好事。你一定要戒除没完没了的忙碌，找到时间来思考。就从每天五分钟开始吧。何时最适合思考呢？洗澡、散步、健身房运动，还是搭车通勤的时候？我从来没听过哪个领导者说他坐在办公桌前面对计算机屏幕，或者在开会开个没完的时候最能用心思考。你要怎么做到最好的思考？反省、书写，还是利用对话？我看过思考的最佳范本是南希·克莱恩（Nancy Kline）在开创性著作《思考的时间》（*Time to Think*）中所推荐的方法。南希认为创造出思考环境，需要十个条件：注意力、平等、轻松、欣赏、鼓励、感受、信息、多元、敏锐提问和地点。注意这十个条件必定可以提升思考效率。

- **对话**。研究指出，领导者的时间大概有73%都用在对话上。与人谈话也算是工作的一种方式，而身为领导者，你一定要磨炼对话技巧，成为对话大师。良好的对话可以聚集重点，糟糕的对话则会分散注意力。对话的核心是同理心。我们必须做好准备，去包容别人的世界，才能创造出共同的理解。

学会目标主导的领导者的关键技能后,我的建议是花九十天的时间来单独针对一项技能改善提升。也就是说,在十八个月内,各位要在倾听、讲故事、教练、反馈、人际关系和提升专注力六大技能上加紧练习,做到最好。找到自己的目标,从行动心态调整为存在心态,再配合必要技能的磨炼,就能把目标化为行动了。

第五章

把目标化为行动,成功改变人生

培养领导力

人们会忘记你说的话，但他们会记住你给他们什么感觉

我曾经在加拿大阿尔伯塔省班夫国家公园里的度假小镇发表关于领导力的主题演讲。这个地方在落基山脉的群峰之中，自然美景令人振奋，很适合为能源企业的高管们做指导，这里能带给他们更多鼓舞和启发。

我当然希望自己能够发表一场生动的演说，但我更期待的是向另一位演讲专家比尔·乔治学习。比尔是哈佛商学院的资深教授，2004年以来一直开设领导课程。在此之前，他曾是医疗科技公司美敦力（Medtronic）的董事长兼CEO。他的演讲题目是"真实领导力"。我那天获得的真知灼见是：真诚实在的领导者不断地自我成长和发展，提高自我意识，改善和他人的关系。他们不掩饰自己的缺点,而是努力去理解它们。不断提升自己的能力,是一辈子的事。

我是终身学习的热烈拥护者,我也发现人们需要不断管理、克服自己的行为缺陷。我一直在与某些所谓的专家对抗,他们认为提升领导能力不难,有一些快速提升的办法。但我们追根究底探索领导力的本质,就会发现领导力的核心是"真诚实在"(authenticity)。事实证明,全球大企业培养的领导者,也大都专注于"真诚实在"。

问题是要怎么做到真诚实在?首先,要真诚地做你自己,就要先了解自己。你必须彻底了解自我,才能做好真正的自己。各位可以想一想,你在各种专业领域学习知识与技能,曾投入大量时间和精力,但又花了多少时间和精力来了解自己呢?我敢肯定其中一定有差距!

自我了解的核心,其实就是你的目标。所以,发现和实现自己的目标,也就是让你活出自我的快捷方式。

肯是个不愿领导的领导者。他的数字能力优异,透过对金融事务的深入理解,他提供了许多解决方案,在金融领域享有盛誉。因为能力优异,所以他的职位不断晋升,接下来就要担任高管的位置。我在领导力训练的课程中,最开始向他提出的问题是关于他的领导方法。肯承认自己并未对此多加考虑,在目前这个阶段,他认为分心去烦恼领导力的问题,会妨碍他最擅长、也最重视的数字工作。他认为在领导方面扮演更大的角色,反而让他无法做好真正的自己。我问他,要是扩大领导职权能让他表现出更真实的自我,他是否愿意尝试?肯觉得不太可能,但他准备去探索一下。

开始训练课程后,我们就先定义他的目标和价值观。肯很快就克服原本的不情愿,发现自己的核心价值就是真实性,并且明确表达出他的目标:保持真实。因此,肯即以真实性为基础,发展他的领导力架构。我们先弄清楚他对"真诚实在"领导的定义,找到明确标准可以衡量和评估进展。肯提出的五项最重要的标准是:

1. **拿出绩效**。

   肯热衷于获得高效成果,确保大家都能对自己的绩效负责。

2. **人才**。

   令人惊讶的是,肯对于吸引人才、培养人才也很重视,所以这对他的领导架构也非常重要。

3. **创新**。

   肯具备创新特质,因此探索新想法、以不同方式做事也代表着真实自我。

4. 价值。

　　肯热爱为客户创造价值，无论是在公司内部还是公司外。

5. 永续性。

　　肯知道，做事要着眼于长远，否则未来就不存在。深入考虑权衡得失后，为所有利益相关者做正确的事，才是维护真实。

　　随着架构完成，肯对于领导的看法也就不一样了。他知道只要把握这几个原则，就可以保持真实，并从这个实践的过程中获得极大的满足。

　　真实领导的另一个重要元素，是发挥优势。你最擅长的是什么？你能做出的有别于他人的事是什么？你能增添哪些真正的价值？哪些事物让你充满能量？个人优势就是你的天生才能，它让你充满能量，帮助你成长，让你变得更强大。研究全球绩效的美国管理顾问企业盖洛普公司（Gallup）在2014年提出"优势导向指数"，帮助企业检讨自己是不是在培养员工优势的好雇主。这套指数包含四个部分：

1. 每周我都会根据自己的优势设定目标和期望。
2. 我可以说出跟我合作的五个人的长处。
3. 在过去三个月里，我和经理曾就我的优势进行有意义的讨论。
4. 我的组织致力于培养每位员工的优势。

盖洛普公司以美国企业员工为对象做"优势导向指数"调查，发现四个项目都表示"非常同意"的人竟然只有3%。同意率这么低，表示绝大多数的美国企业并不把帮助员工发挥优势当作一回事。这不是一个小问题，而是代价很高的失误。员工如果认为公司关心、鼓励他们充分发挥优势，他们更可能自动、自发地努力，会有更强烈的职业道德，对工作也更热忱、更投入。

而且更直白地说，除非我们能够发挥自己的优势，不然就做不到真实自我，而只是活在真实的阴影之中。

海丝特正要实现梦想中的新角色，担任大型组织的总裁。在担任这个职位之前，她曾领导过一些专业部门，但她担心自己能否胜任新的角色。在她转变角色时，我给她以下提示：

发挥优势……你的最终价值会体现在你最擅长的事情上……激发灵感、建立强大的人际关系、善于激励、真诚实在……关键是为大家描绘出正确的蓝图，让他们做到最好……你是这种能力的大师。

海丝特感谢我的提示，因此她特别重视激励员工发挥优势，致力于真实领导。她和新成立的管理委员会的最初对话之一，就是先了解他们的天生才能，并保证大家都有机会发挥所长，为组织谋利。她找我主办团队的第一次培训发展课程，我们就把发挥优势作为会议主题。大家先在线完成了优势调查，我们再用调查结果验证观点，应用到团队中。大家不但发现自己能更专注于优势，而不是担忧自己受到限制；而且这也让海丝特能更有效引导大家发挥所长，让整个团队做到最好。

真实领导的另一个重要元素是怀抱同情心。杰夫·韦纳（Jeff Weiner）是领英公司（LinkedIn）的 CEO，领英是全球知名的商界社群网站。后来微软公司以 260 亿美元收购领英，杰夫在并购过程中发挥了重要作用。他是非常精明的商人，也倡导富有同情心的领导哲学。他说："在我多年来采用的所有管理原则中，不管是来自切身经验，或是向他人学习得来的教训，有一个是我最热切遵行的。我说'热切'，是因为我虽然很想始终如一地做到，但在现实的潮起潮落、日常运营的种种挑战，以及随之发生的一连串反应中，我发现要始终遵循这个原则比其他的更难。这个原则就是共情式管理。"

杰夫谈到的共情即是客观的同理心，透过别人的角度清晰观察事态。在与人相处时，尤其是工作遇到困难的时候，这种做法特别宝贵。比方说，工作上出现冲突的时候，大多数人只会从自己的角度来看问题，认为自己的看法才正确，会收集证据来强化自己的观点。而且都会以为对方太过无知,甚至是居心不良,也很难接受别人竟然会不同意他们的看法。

在这种情况下,就需要同理心才能解决冲突,也就是要去理解对方是如何做出跟你不一样的结论。杰夫鼓励大家问自己这些问题:

- 他们处于目前位置的背景因素是什么?
- 他们是否具备适当经验来做出最佳决策?
- 是否有什么表面上看不出来的特定结果,让他们担心害怕?

我们应该问自己这些问题,而且更重要的是,问别人这些问题也可能会把困难的情况转化成有价值的学习体验。

东尼因为最近的绩效不佳而被批评,所以公司找我给他做指导。东尼本来是个业务好手,一向都为公司带来最好的交易,但他的作风粗暴冷酷,很多人受到他的影响。虽然他为公司增加了不少价值,但也已经到了大家难以忍受的地步。我一开始试请东尼定义成功的模型。他说的都是一些财务数字,完全没谈到他做业务的方式或他受过什么影响。我跟他就这么合作了三个月,他毫不反省自己的行为,因此也没有任何改变,这让我非常苦恼。那时候,圣诞节快到了,我请东尼趁着休假时,问问他自己的两个年轻女儿，看她们认为东尼身为领导者，应该要有什么作为才对。我知道这么做有点冒险，因为她们实际上是享受着东尼带来的经济利益，但我还是觉得也许她们会鼓励他不要再那么粗暴冷酷。

过完节以后我们再次碰面。我问他有什么想法，是否趁长假进行了思考。东尼说他问过女儿们的意见，也的确让他惊讶得不知道该如何走下去。她们两个都说，觉得爸爸很可怕，无法以她们想要的方式跟他说话。他问她们，希望他有什么改变，女儿们说只希望父亲可以倾听她们的心声，不要任意批判或动辄生气愤怒。

女儿的反馈，东尼终于听进去了。他开始注意到自己的愤怒，决定要把它戒掉。既然在家里和在公司都造成不好的影响，他就不能再继续这样下去了。他女儿的反馈真是一把适时的推力，让我们的合作可以加速进行。我向东尼介绍领导者的同理心观念，原则上他也表示认同。东尼现在已经准备好要回顾自己的人生经历，他重新检视生命中的重大事件，他清楚地看到了他父亲对他的影响。东尼的爸爸也是个成功的商人，但东尼却只记得他生气的样子，和他在家里制造的恐怖气氛。无论自己有什么成就，东尼在他爸爸眼中就是不够好，于是到了某个时候，东尼已经在自己的心中铸了钢铁般的硬壳，来保护自己不再受伤。现在他决定融化那层硬壳了，要好好学习运用同理心来领导。我们一起努力，让同理心化为行动，我让东尼进行以下三个步骤：

1. **寻求理解**。

东尼习惯谈论自己，却没真正表现出对他人的兴趣。我让他先提出有关其他人的问题以建立理解。

2. **检查是否理解**。

在回应他人之前，东尼要深入观察、汇总结论，以确保自己真诚地理解了信息。

3. **提供协助**。

过去通常是东尼说了算，他只注意到自己想做的事情。现在，他要强迫自己去观察，借由询问对方的需求，看看如何为他人提供价值。

要做到这三个步骤可不容易。短期内也必然让他的效率降下来，但这对他在公司重建人际关系和声誉非常重要，证明他也有同理心，能够推己及人。但最大的好处其实是在他自己家里。拥有同理心，让他这个做爸爸的变得更柔和，和孩子们建立开放和爱的关系，学会真正展现自我。

作为真诚实在的领导者一定要建立信任，这是任何高效关

系的基础。各位在将目标化为行动时,请考虑以下事项:

目标化为行动

1. 为了做自己,你对自己有多了解?
2. 要了解自己,需要什么具体信息?
3. 成为真诚实在的领导者,会带来什么不同?
4. 有什么会阻碍你成为真实的领导者?
5. 你下一步要怎么发挥潜力,成为真正的领导者?

提升抗压力

领导是一场马拉松比赛,不是百米冲刺

艾瑞克·维恩梅尔(Erik Weihenmayer)取得的成就令人叹为观止,这几乎是不可能达成的任务——他是全世界唯一爬上全球七大洲最高峰的盲人。不仅如此,2014年,他独自一人在大峡谷泛舟,沿着科罗拉多河航行约四百五十公里。还有,他还能够独自一人高空跳伞,而且已经跳了五十次。

艾瑞克说:"我想到爬山时,从没想过要去征服它。如果你要跟山硬碰硬,一定会被它整得很惨。山会打败你的。你去爬那些山的时候,一定要抱着谦虚的心态。我一向很谦虚,因为,你知道,眼睛看不见已经把我整惨啦。"

为了推广他的理念，艾瑞克与他人一同创办了"无障碍"（No Barriers）协会，这不只是创办一个组织，更像是开展一项运动，向勇于挑战和面临困境的人伸出援手。我们每个人在某种程度上都会面对障碍，必须保持开拓和创新的精神，和优秀的人一起合作，才能找到意义和目标，丰富人生。这个组织的精神标语是："你的内心比障碍更强大。"

我们每天都会遇到挑战。关于个人发展的书，我最早读过的一本是斯科特·派克的《少有人走的路》（The Road Less Traveled）。本书的开篇第一段就直击我的内心："人生实难。这是伟大的事实，而且是最伟大的事实之一。因为我们一旦认清事实，就能超越它。我们一旦真正了解生活的艰难，真正理解并且接受，生活也就不再那么困难了。因为我们一旦接受，生活困难这个事实就不再重要。"

但现代生活的最大风险之一，就是我们接收到的是完全相反的信息。我们被引领去相信生活很轻松、很容易，或者说应该很容易，如果不是的话，那就是有问题——问题出在欠缺弹性和适应力，无法接纳和克服生活上的挑战。

领导的确是不容易，这个不必怀疑。领导者会遇到的困境永远让我感到惊讶，他们天天都要面对无情的挑战……带领组织不断变革、调整管理结构、创造可持续的事业、不断创新、吸引人才、满足利益相关者、讨好顾客,他们如履薄冰地穿越险境……

抗压力是在挫折中恢复元气,适应变化,在逆境中继续前进的能力。抗压力有三个核心特征:

1. 弹跳力;

2. 灵活性;

3. 耐力。

弹跳力是指面对逆境时,会更加努力学习、提升成长速度,培养出更强的情感和心理力量,让我们得以比过去弹跳得更高,跨越障碍。我妈妈经历两年疾病的折磨后,在2017年10月不幸离世。我是她唯一的儿子,所以在她离婚后的三十四年岁月中,我们一直维持着亲密关系。虽然她是一个人生活,但养老送终我也是责无旁贷。曾经照顾过癌症晚期病人的人都知道,这是非常具有挑战性的耐力测试。我对妈妈的最大承诺,就是尊重她的愿望,在家乡长眠。那时候我在英国,试着进行最好的安排。2017年7月,在第二次住院治疗之后,妈妈要求停止一切延长生命的尝试,转为安宁疗护。后来在地方安宁组织的帮助下,我们把她接回家中,安排二十四小时的看护照顾。

我当时忙于工作,在家里也是三个孩子的父亲,而且还要找时间陪伴太太。那段时间真是非常难熬，让我筋疲力尽。如果没空陪在妈妈身边，我会感到很难过，但我也知道我不能放下工作和家庭。那三个月里，我尽量找时间去陪伴妈妈，晚上偶尔就在她床边打地铺，让看护可以稍微休息一下。后来她的状况越来越不好，我看着饱受折磨的她，绝望不已，想让她尽早摆脱痛苦。但是她的医生和安宁护士都很明确地告诉我，任何形式的安乐死或协助自杀在英国都是违法的。

值得庆幸的是，那段时间，妈妈也有足够的清醒时刻来弥补人生最后的缺憾，并不是白白受苦。例如，妈妈一直觉得自己那段婚姻还有没解决的问题，所以我和我姐姐都写信给爸爸，问他是否可以给妈妈写一封信来完结这件事。他果然写了一封深情款款的信，让妈妈感动不已。妈妈和她姐姐的关系也仍有些紧张，当时妈妈其实已经病到说不出话来。但有个星期天的早上，她姐姐打电话过来，妈妈不知道从哪里获得了力量，竟能口齿清晰地说她如此敬爱姐姐，此生已能平静离去。

妈妈的去世，对她是种解脱。我们也都知道她后来只想尽快解脱，因为实在是拖太久了。她原本想捐献遗体供医学研究，但很遗憾，因为是癌末残躯，医学单位无法接受。我们不得不迅速安排葬礼，我负责发表悼词，所以可以趁这个机会好好整理我的许多想法和感受。我知道，这段和妈妈的共同经历，让我有所成长。对于生离死别，我变得更了解、更坚强，此后，在面对种种危机和挑战时，我感到更从容，更容易摆脱逆境。

你从挫折、逆境和失望中回弹的能力如何？你能否迅速调整心态，以不同的角度来看待那些困难，赋予新的含义，把危机化为转机呢？

弹跳能力的诀窍在于重新建构。认知重构是一种心理技巧，包括识别和质疑思考模式。重构是采取不同的视角去观察和体验事件、想法、概念和情感，找到更具建设性的替代方案。

珍妮在金融业担任主管，绩效一向非常好，而且她也进取心十足。她加入一家新公司后，希望很快展现影响力，急切地想登上公司最高层。她到任十个星期后，我找她的直属经理访谈反馈。他确认说，珍妮和利益关系人都建立了不错的关系，而且在公司内部也争取到信任，提供了许多好建议，也很愿意亲自解决诸多问题。不过，有一个人和她的关系不太好，可能会造成她的失败。那一位就是团队过去表现最好的同事，因为珍妮的到来而备感威胁。所以她盯着珍妮的一举一动，不断测试她的耐性。后来有一场公司外的会议，原本是为了拉拢团队成员合作，竟然反而造成了成员的对立。当时主持会议的协调员要大家直言不讳，有话就说。珍妮就把它当真了，直言不讳地说她一直在忍受恶意中伤和公司内部的小团体的排挤。结果这位同事对珍妮就更恼火了。

我让珍妮从她同事的立场来思考，想想她对一个颇具竞争力的外来人员进入团队有什么感觉。她也可以预感到同事必定非常不安，觉得自己的佳绩、声誉可能受到威胁。我问珍妮，如果她可以重新定位这段关系，把同事当作盟友，又会有什么结果？珍妮原则上不排斥这个想法，只是不知道应该怎么做。后来我问珍妮能否就公事找那位同事，请她提供指导和建议；这时候就出现转机了。虽然这么做对珍妮来说实在是违背意愿，但双方的冰冷关系的确开始解冻，因为同事也开始感受到珍妮对她的重视和友好。珍妮重新建构关系的能力助她超越了过去的自己，并解决了原有的问题。

抗压力的第二个关键特征是灵活性。灵活性是在不确定、未知和不可预期的状况下发挥即兴创造的能力，从而产生更好的结果。我在正处于变革的组织中常常看到灵活性的表现，不过大多数人还是渴求安稳，虽然根本没什么稳定可言。比方说，有些人就以为一份工作就能做一辈子，所谓的从生到死不必换工作，但这种情况早就成了历史。根据美国劳工统计局最新调查显示，现在的企业员工，平均一份工作只能维持四年，而那些最年轻的员工的预期在职时间只有一半。

一项采样1189位员工与150位管理阶层的"多世代未来

职场调查"(Future Workplace Multiple Generations)显示，千禧世代（Millennials；1977年至1997年出生者）预期自己一份工作的任期不到三年者高达91%。这表示他们一辈子可能会换十五到二十个工作。

我最近在给一位高级主管安德里上课，他在公司待了二十年，已经历任三个关键职位，不管是在制定明确策略或实现重大目标方面，他都有"安全可靠"的美誉。然而最近公司的一波高层人事变动，他却意外地遭到忽视，所以安德里现在正处于思考职业生涯变动的重要时刻。安德里不想只是被动响应，而是准备积极灵活地面对他在职场上的困境，把握机会创造出更好的未来。我们为安德里拟定了一套职业生涯架构，帮助他思考自己的选择。这套架构的构成如下：

职业生涯架构

个人目标	创造可能的艺术
个人价值观	真实、诚实、公平
职业生涯愿景	创造客户价值
个人优势	领导力——诱导人才充分发挥潜力，组建高绩效团队 创造业绩——制定与达成坚强有力的策略、计划 商业性——找出解决方案以提升商业关键动能

163

续表

个人发展	专注——不偏离正轨
职业生涯选择	留在现有组织,加速前进 探索新公司和诸多不同的角色 转入咨询顾问产业

这套架构为安德里提供了一个灵活处理的基础,他决定接受猎头公司的访谈,并且跟几家公司接触,来确定他自己想要走的方向。在此之前,他一向以公司内部的职位为重,避免接触公司之外的任何机会。这种新的灵活性让安德里充满活力。虽然他最后还是决定留在现有公司,但却可以用新的方式在自己的职业生涯大步迈进。

你的灵活性如何?用不同眼光看待事物,找出更多选择的即兴创作能力如何?

测试我自己的灵活性的一个挑战,莫过于身为人父!我的三个孩子的个性都很不一样,所以我必须不断地调整情绪,运用智慧,确保自己不受限于僵化的观点,才不会碰到"古板老爸"会遭遇到的问题。比方说,现在社交生活是我十六岁女儿的生活重心,让她在热衷社交的同时又能定下心来准备考试,对我而言就是个巨大挑战。我十二岁的大儿子沉迷科技产品,我要鼓励他出去活动身体,简直比登天还难。八岁的小儿子最爱动手做些什么，让他在厨房发明一些奇奇怪怪的食谱，是他最快乐的事。所以我不得不常常要提醒他把乱七八糟的厨房收拾干净，这真是耐心大考验！

你越是灵活，作为领导者的潜质就越好。每个人都需要用不同的方式来领导，所以你在领导风格上的灵活调度能力，正是成功的基本条件。领导风格主要有五种，领导者必须在不同状况下灵活运用：

领导风格

	特性	驱动	结果
愿景型	启发信念	多维度思考	方向与能量
指示型	要求顺从	照我说的做	危机管理
合作型	建立关系	一起工作	团队合作
示范型	推动结果	聚焦成功	高绩效
教练型	培养人才	释放员工潜力	接班人

领导者大都偏好两种或三种风格，但要成为高效领导者，一定要灵活运用这五种风格，才能带动成员，明确给予指导和方向，发展出双赢的关系，释放员工潜力，做出好成绩。

抗压力的第三个特征是耐力，这是在逆境中继续前进的能力。我们在面对困难时特别容易放弃，但耐力会让我们坚持下去，在艰难困苦中，忍受痛苦到达彼岸。

卡德拉事业心旺盛，希望自己在公司里迅速往上爬。她以完成任务为重，因此碰上同事表现不如预期或无法跟上她的节奏，会令她感到沮丧，甚至到了想辞去工作另寻出路的程度。当时正处于某个重大项目紧张阶段，我们需要每两周安排一次训练对谈，以免她一时灰心就即刻走人。后来我对卡德拉说，这个重大项目刚好可以让她发挥耐力，要是能够不屈不挠地顶住压力，她必定会成为更强、更厉害的领导者，于是卡德拉才有所改变。

要如何增强耐力呢？我建议从这四个方面下手：

增强耐力的四个方面

1. 提升能量	筋疲力尽的时候想要坚持很难。提升能量才有继续战斗下去的本钱。
2. 乐在其中	情况越是艰难的时候，体认、分享和庆祝成功就越是重要。成功是有感染力的，不管成就的大小，你能捕捉到成功，把它分享出去，就能鼓励大家。
3. 专业知识	牢牢跟上时代步伐，加速你的学习和成长，加强你的能力，让你对于工作更加精练娴熟。
4. 抓住本质	聚焦在最重要的关键上，把力量集中于重点工作，舍弃琐碎杂务。

维持良好关系

我们生活在关系经济之中

很简单,良好的关系会带来良好的结果,糟糕的关系会导致糟糕的结果。如果你无法建立强大而持久的关系,领导力只能短暂生效。也许因为权力或职位让你还处在领导的位置,但一旦失去权位,大家额手称庆,你就倒霉了。但若是以目标领导,从目标出发真诚地联结他人,就能为关系带来不同层次的意义。

我在工作上常看到的模式是,有些人因为技术能力高超或绩效很好而获得升迁,然而升职并不代表你就是很好的领导者。领导者需要不同的技能组合,才能够实现联结。联结型领导有六个关键特征:

联结型领导

- 全球意识
- 积极拓展人脉
- 包容
- 发挥影响
- 共同合作
- 团队导向

培养全球意识

没有全球意识就得出局

帕特里克·赛斯考（Patrick Cescau）是洲际酒店集团的非执行主席，他过去曾担任联合利华集团（Unilever Group）首席执行官，培生集团（Pearson PLC）、特易购公司（Tesco PLC）的资深独董及非执行董事，以及欧洲工商管理学院（INSEAD）的董事。简单地说，帕特里克具备非常强的全球意识。我几年前在洲际酒店主持领导力课程时，很幸运邀请帕特里克一起讨论关键领导。他的精辟评论引发了大家的强烈共鸣："当策略与文化相互冲突时，文化永远会胜利。"管理大师彼得·德鲁克（Peter Drucker）也说过："文化可以把策略当早餐吃。"

组织制定明确策略时,要是不充分考虑到计划实施后在不同背景、动机与理解下会造成什么影响,通常是不会成功的。要让策略顺利进行,必须先建立正确的联结,大家才会认同和支持,相互帮扶,热烈投入。

卡尔刚接手一家大型跨国银行的技术部门,之前的部门主管让团队成员各自为政、单打独斗,公司几项项目接连失败,损失了好几亿英镑。所以卡尔非常清楚,一定要先建立正确的文化,才能实现雄心勃勃的计划。卡尔最开始进行的工作之一,就是把他的全球领导团队叫过来大家聚一聚。由于前任领导人对此兴趣不足,所以他们从来没有这么做过。卡尔向大家承诺,一定会帮助他们了解彼此对于共同计划的看法,并就大家如何一起努力取得成功达成共识。

在人际方面,我们可以运用故事来建立关系。当我们谈到影响自己生活的事物,价值观何以形成,以及对我们最重要的事物时,彼此才有机会欣赏各自的文化背景,从而形成团队的深层联系。

你的全球意识是强或是弱?你是否真的了解全球数百个国家的差别,以及它们会对你的计划产生什么影响?虽然各位不必成为各种文化的专家,但也要有足够的好奇心和同情心,才能建立沟通的桥梁,加强联结。

积极拓展人脉

领导力反映你的人脉网络

我在领导课程上介绍积极拓展人脉时，常常引发不少讪笑，因为大多数领导者还是认为这是在做表面功夫，没完没了的喝酒应酬讲废话。这实在是大错特错。其实，能开辟出多大局面，全是由人脉决定的，它的广度和深度，就决定了你的施展空间。目标领导的意思，就是要把你的目标放在人际网络的核心，让它成为你自己的世界中真正有意义的维度之一。

保罗准备参加执行委员会发表重要报告，为电信公司投资案争取公司的支持和批准。他几个月来一直在拟定运营规划，他的团队也非常期待保罗能精彩出击，说服执行委员会核准投资，让他们可以按照计划进行。保罗花了很多时间跟那些他已经很熟的执行委员联系，跟他们说明他的计划，并且获得了不错的反馈。不幸的是，他完全忽略那些他不太熟的委员。等到保罗走进会议室的时候，他就知道自己这次完蛋了。那些他没有积极联络的执行委员开始提出问题，质疑这个项目财务状况，让保罗有了不祥的预感。结果，因为欠缺足够的支持，保罗无法获得他想要的结果。他非常失望，承认自己在方法上的错误，也痛苦地学到了必须积极拓展人脉。

你是否主动管理好了自己的人脉网络？或者只是碰运气的心态？你有没有小心谨慎地主动联络、及时沟通，以扩展你的人脉？就我个人来说，由于上述的一些理由，我在拓展人脉方面一直受到挑战……看起来像是不带感情又客观的推销，而不是真诚联系、建立关系的方式。所以，我要给它一种不同的意义。我现在专注于寻找人脉网络的共同价值，我领悟到给予和付出可以开启共同机会的大门。

接纳多元与包容

每个人都有宝贵的贡献

很高兴看到,多元与包容如今已成为组织和领导者最看重的元素之一,我们观察优步(Uber)的领导阶层就能看出这一点。如果说优步之前出现许多让人担心的问题,包括:性骚扰、职场霸凌、知识产权诉讼等等,都是因为前任领导人特拉维斯·卡兰尼克(Travis Kalanick)傲慢无礼、不留情面又死不认错的风格所致,那么后来的新任CEO达拉·科斯罗萨西(Dara Khosrowshahi)或许正好是这家丑闻缠身企业的一贴清凉药。他甚至还没上任,就证明自己与卡兰尼克相反。事实上,他只用一句话就办到了。他在离开前一家公司——在线旅游业的亿客行(Expedia)时,给同事们的备忘录中写道:"我必须承认，我好怕啊！"他愿意用这种高度真诚的方式暴露自己的软弱，突破面前的重重障碍，为优步架起新的沟通桥梁。

世界原本就是多元的世界，它是许多元素的混合。这里包括：

- 认知：我们如何思考及处理讯息；
- 实体：我们是谁，别人所见所思为何；
- 价值观：我们的信念和行为方式；
- 社会：我们如何缔造联结，与社会联系；
- 职场：我们的工作及工作方式；
- 关系：我们如何相互联系及恢复活力。

包容是一种行为，容纳异己一起合作。在当今的全球市场中，体现多元和包容非常重要。

我最近在领导课程中谈到多元与包容，却听到好几个职场中排斥异己的例子，让我觉得很不安。其中包括：

- 有个家伙只要知道会议室里有同性恋者，就拒绝进去开会。他会走出会议室，而且公开对陌生人说不要跟同性恋者待在同一个房间里。
- 有一位在建筑公司工作的女性，发现自己在群组电邮中被称为"小伙子"。她质疑这个用词后，又被特别标示为"女孩",而不是称呼她的名字。
- 有位男性正在争取升迁,但他非常担心自己的同性恋者身份会被发现。他虽然已经进公司很多年了,但害怕声誉可能受到影响而始终不曾公开出柜。
- 有个内向的人觉得自己在开会时常常遭到忽视,因为他属于思考型的人,发言前通常需要更多时间思考。

身为领导者,你的包容性如何?先别急着回答。在探索包容性时,我们会碰到偏见,这包括有意识和无意识的偏见。有意识的偏见是指,我们会运用一些可以证明的数据和讯息,来批判那些你不认同的想法或事物。比方说,我要是讨厌那种说会在截止期限前完成任务却又办不到的人,那么就算是碰上不可抗力的因素导致任务无法完成,我还是觉得:这个家伙就是无能嘛!无意识的偏见则是不自觉地做出批判,而自己根本没有意识到。例如,你跟甲一起工作,而他常常让你想到乙。你有过这种经验吗?在这种状况下,你原先对乙的看法和情绪,就会很容易影响到你对甲的感觉。

我在上课的时候问学员,对什么事情抱有偏见(包括有意识偏见和无意识偏见),这种偏见对自己的领导力有什么影响。他们都说自己没偏见,不过还是有几个回答如下:

- **对待下属**。有位领导者倾向退缩，不愿与安静或冷漠的人打交道。
- **对待承诺**。有位领导者看到员工对组织的承诺不如他预想的热切时，就会批评。
- **对待性别**。有家公司的信息部门女性员工很少，有些人认为该部门在聘用人才时偏好男性，没有特别维护两性的平衡。
- **对待供货商**。有位领导者发现他们把外部供货商当成服务员，而不是平等相处的共事对象。
- **对待资历**。有位领导者承认，资历不足的主管会受到轻视。
- **对待情感**。有位领导者认为，男人如果表现出情感，就是个"弱者"。
- **对待求职者**。有家公司偏好应届的毕业生，而不是一视同仁地寻找合适的员工。
- **对待升迁**。有家公司发现他们在提拔内部主管时，只注意到年资，而非能力优劣和适任与否。

不管是有意识还是无意识的偏见，都会影响到我们与他人的日常互动。因此必须提高警觉，才能克服偏见，在待人处事时，真正做出客观的判断和决策。

各位在以下必须做出选择的重要时刻，一定要小心留意，才能做个有包容力的领导者：

- **招募新人**。你总是找跟你一样的人吗？招募新人时真的要小心这一点。在做出任何决定之前，一定要放宽心胸、广募人才，也要挑战自己去接受不一样的人。我听说有些公司会为少数或特定族群加分，特意选择那些人。我们每一个人都应该获得公平的机会，你的目标应该是找到最适合那个职位的人，而不是满足个人偏好。
- **培训发展**。培训是慎重培养人才的好机会，每个人都应该获得学习和成长的机会。
- **绩效管理**。绩效管理正是塑造工作环境的过程，让大家可以乐在其中、力求表现，拿出最好成绩。绩效管理应该是一整套完整的工作系统，从根据需要来定义工作内容开始，以效率和精准持续达成目标的活动。这也可能是个高度情绪化且敏感的主题，因此必须严格控制偏见，才能客观地衡量绩效。
- **开会**。许多公司里，会议总是被那些外向的"大嗓门"控制全场，内向的人只好默默退守一旁，这很常见吧。结果只能听到一部分人的声音，这绝对不是达成明智决策的最佳方式。对这种状况,开会时要主动管理,确保每个人都有一定的发言权。

- **日常互动**。我利用"包容力量表",帮助领导者定期做评估。

包容力量表	
高度包容	能够欣赏不一样的人,把他们的差异看作是可以运用的优势。主动把他们纳入决策制定,让他们感受到你的真诚。
适度包容	接受大家表现出来的本性,中立看待他们的差异。但主要关注点还是他们与你的相似之处。
中等包容	虽然看不惯他人的差异,还是可以容忍。尊重他们,但尽量不与之接触。
低度包容	避免与你不同的人接触,刻意排拒,不与之合作共处。
极低包容	讨厌那些跟你不一样的人,难以接受那些差异。在职场上采取主动破坏的方式,排挤那些人。

重要的是要意识到自己的包容力是高是低,以及它对你身为领导者的行为会有什么影响。我们不必喜欢每一个人(也办不到),但还是要带着一颗包容的心去领导,让大家能表现出最好的自我。这时若能以目标为导向,就会有所帮助。在我

指导过的几千位领导者中，我还没碰过有谁是以批评、排斥、轻视或歧见他人为目标。每个目标都想要帮助、敦促、激励、吸引、增加价值、发挥作用、服务和奉献，都希望和他人的生活相互联系起来。

提升适应力

预见未知

由人工智能、数字化、自动化、机器人技术和零工经济（gig economy）塑造出来的新经济，现在正以飞快速度发展，它一并带来了过去不曾出现过的危机和剧变。根据麦肯锡全球研究所（McKinsey Global Institute）的研究，美国大多数工作职位至少有30%可以转为自动化，包括过去被认为机器无法取代的知识经济也是如此。这一方面是个令人振奋的消息，另一方面却也会带来巨大动荡。身为领导者，一定要有向下扎根的目标感，它能为你提供明确的指导方针，在投入各自产业、提升价值之前，更要先拥有更快适应、更努力学习的意愿。

关于敏捷领导，我的课程主要聚焦在三个关键主题：创造力、共同合作和适应力。我相信这三个特质就是敏捷领导者高超技能的核心，我对它定义是："能够以有利于每个人的方式，预测及适应不可预测环境的能力。"

创造力

遇到问题时你会怎么做？是从过去经验中找答案，还是寻找新信息，或是在实践中摸索最优方案，抑或寻求支援？有两种基本的思维方式支持创造力——固定思维和成长思维，斯坦福大学心理学教授卡罗尔·德韦克（Carol Dweck）的研究把这两种思维的差别分析得非常清楚。德韦克说："不管我们有没有意识到，所有人都会对于正在发生的事、它们有什么意义，以及我们该如何应对等留下记录。换句话说，我们的心智一直在监控和诠释……我们大脑的思维活动构成活动记录……固定思维创造出专注于批评的内心独白……成长思维也不断监控正在发生的事，但其内心独白不是以同种方式评断自己和他人。他们对于正面及负面信息很敏感，同时也了解这些信息在学习和建设性行动方面的影响。"

随着自动化的迅速发展，那些未能跟上脚步的企业组织就要面对极大的风险。哈佛大学教育研究学院成人学习与专业发展的威廉和米里亚姆·米汉（William and Miriam Meehan）讲座研究教授，发展心理学家罗伯特·凯根（Robert Kegan）说："工作会越来越多地需要适应挑战，而那是人工智能和机器人不善于解决的。成长思维类型的人还是会有工作，但固定思维类型的人会渐渐被机器取代。我们以前会说'你一生要换6.5个工作'，而现在应该说'你的成长和能力在职业生涯中会有几次质的变化'，这也许是在同一个老板之下，或者是在换了6.5个老板期间。"

要如何培养成长思维，发展创造力？你是随缘碰运气，还是刻意挑战自我，用不同的方式来思考？透过以下三个关键步骤，可以加强成长思维：

1. **注意自己何时采取固定思维。**

你会出现以下行为：躲避挑战、碰上困难就轻易放弃、把努力视为浪费力气、忽视有用的批评，并且对他人的成功感到威胁。陷入困境时，心里也会出现质疑："你确定你能做到吗？""万一失败了怎么办？""我没有能力克服挑战"，等等。

2. **怀疑自己的假设。**

我指导过的一个团队，大家对某成员的看法是，他表现得似乎一半在团队之中，另一半又不在。但这个批评并没能让他改善，因为他认为问题出在团队不能接纳他。不过等我开始挑战他的假设时，他就发现原来是自己还没下定决心要成为团队的一员,这自然会影响到他的表现。

3．采用成长思维。

学习用创造性的方式来看待事物,据此做出回应。迎接挑战。面对挫折时要坚持下去。把努力视为磨炼。从批评中学习。在其他人的成功中找到经验、教训和灵感。请求别人的援助。不要害怕暴露自己的弱点。心胸要开放。思维要灵活。

将创造力与成长思维联系起来,让它成为领导者喜爱的务实方式。创造力不是只限于少数精英才有。

共同合作

在当今这种快速而变化无穷的时代,走向成功的唯一途径就是要团结合作。拥有合作模式的组织就能做到这一点,主动拉拢众多利益相关者投入。比方说,在服务业方面,像洲际酒店集团这样的公司就需要把员工、客户、老板、股东、供货商、学术机构、非政府组织、政府和社区组织、产业工会等全部拉拢到一起。在航空业方面,希斯洛机场必须满足员工、乘客、航空公司、供货商、政府、监管机构、社区和投资人的需求。在零售业方面,马莎百货(M&S)要关注客户、员工、供货商、投资人、新闻媒体、政府、监管机构和整个社会。

理论上来说,合作很简单,但实际做起来可不容易。它需要相互承诺，不断采取措施去建立信任、接受差异、克服冲突、承担责任，并且监督结果。我最喜欢的合作指导原则，是我在一场重要的策略会议上获得的，当时是在客户关系方面对两家公司的执行委员会进行协调。他们当时一起提出的口号是"一起合作会更好"。不过他们平常并不重视这一点。在会议的某个时刻，双方为了潜在的利益冲突争执不下，我请双方各退后一步，看看他们的互动中缺少了什么。他们探索了许久，但还是感到挫败。忽然间我提出了一个想法，能够帮助他们更紧密地合作："要先假定对方是带着善意，其他一切则是误解。"双方都对这个想法表示认可，同意把它当作合作的指导原则。在之后的会议上，主席会向双方提醒指导原则，为对话创造出更有效率的环境。

如果合作顺利，共同合作会减少分歧，带来结盟感和参与感，以兼顾众人利益的方式，抵御那些难以预测的环境变化。

适应力

职场上对于适应力的需求，从没有像现在这么大。人员、团队和组织有没有能力去适应不同环境且力求成长，正是决定成败的关键。明确的目标可以提供一个平台，让我们迅速适应每天快速而激烈的需求变化。适应力强的人是什么样子？我认为有五个主要特征：

1. **适应力强的人专注于全局。**

在我们这个复杂的世界中，必须具备长远视野，才能引导你走向想要去的方向，否则很容易被琐碎杂务分散注意力。

2. **适应力强的人愿意去尝试和试验。**

我们必须愿意用不同方式去做事，不要故步自封，才能强化适应力。面对不确定性，必须愿意探索新想法，不能只是把头埋在沙子里，盼望它会自己消失。谷歌公司最出名的管理哲学之一就是"20%时间"。这家公司的创办人拉里·佩奇和谢尔盖·布林在2004年的股票上市公开说明书中特别强调："我们鼓励员工在常规工作之外，抽出20%的时间去做他们认为对公司最有利的事情。这让他们更具创造力和创新能力。我们很多重大进展，都是因此而来的。"

3. **适应力强的人不怕失败。**

常常听到领导者说，在动荡环境里从快速迭代中学习经验和吸取教训是必要的，但是真正付诸行动的领导者倒是不多见。我最近与一个科技团队合作，有位大数据领域的人告诉我，他正在开发的项目技术其实只能维持三个月，时间一到就过时了！因此从快速迭代中学习经验和吸取教训，的确是快速前进的关键。

4．适应力强的人资源丰富。

我认识一位 CEO，他不但永远都有 B 计划，甚至 C 计划、D 计划、E 计划都有！他的外在资源也许会被人夺去，但内在资源仍然丰沛满溢。

5．适应力强的人未雨绸缪。

他们不关心一时的荣耀，因为出再大风头也很快会消失。不在一些临时议题上浪费精力，而是先把目光投注在下一个挑战中，等到大家终于赶上时，他们早就准备好迎接下一个挑战了。

我们都可以借由能力和意愿，从经验中学会敏捷领导，在新的环境中加以运用而获得成功。敏捷领导者在面对工作和生活的新挑战时，必定会有更多的经验教训可资参考，拥有更多工具和解决办法可以运用。

拥抱变革

在今天这个世界，快的会吃掉慢的

无论你欢迎、容忍或抗拒，改变都是免不了的。要让大家相信改变，关键在于一个明确的"原因"。也就是说，你要让大家了解改变的目标何在。

传播学者埃弗雷特·罗杰斯（Everett Rogers）在其著作《创新的扩散》（*Diffusion of Innovations*）中提出一套理论，说明新想法何以出现，又会以何种速度来传播扩散。他的研究指出，在其扩散过程中我们的反应可大概分五类：

创新扩散理论

类别	人数占比	定义
创新者	2.5%	创新者引进新观念、新方法或新产品,并愿意承担风险来实现。他们受到变革与新经验的吸引,运用多重信息以进行决策。这种人是先驱型的领导者。
早期采用者	13.5%	早期采用者通常依赖自己的直觉和想象力,这让他们能够适应和尝试新想法、新流程、新产品或新服务。这种领导者会谨慎做选择,作为领导者很有影响力。
早期大众	34%	早期大众需要不同程度的时间来适应变化及做出反应。在接受之前,他们通常会观望,看看新事物在实际运用上是否成功。他们等待创新者和早期采用者的确定讯号。
晚期大众	34%	晚期大众对于变化带着高度怀疑。流行讯息不能影响他们,而是依靠家人朋友的推荐才会向前迈进。这种人适应得比较慢。
落后者	16%	落后者非常不喜欢变化,而且抗拒改变。他们只想遵循"传统",把家人、朋友当作是信息来源,除非被迫才会适应及接受变革。

任职于餐饮公司的史蒂芬妮喜欢变化,并且越大越好。因为这符合她明确描述的核心目标:帮助改变,缔造更好的结果。她是典型的创新者,不断创发新想法,创造新产品,灵活变化组织结构,运用不同的方法来工作。不过我们在训练课程中,史蒂芬妮常常抱怨团队跟不上节奏,没有进步。

我对史蒂芬妮的领导能力进行调查访谈,尤其是在改变和适应力这两个主题上。我访谈了许多利益相关者,包括她的直属下属、同事、客户和直属上司。结果我得到了非常有趣的信息。史蒂芬妮的直属上司和客户都喜欢她的创新,因为她渴望推动变革,认为这是竞争优势。另一方面,她的同事和直属下属却不这么认为,他们说史蒂芬妮天天带头向前冲,只以自我为中心,而且阴晴不定、喜怒无常。他们当然也知道她的创造新想法和适应力都很强,但大家跟不上啊。

对于这些反馈意见的挑战性,史蒂芬妮一开始的反应是反驳、不想理会,她说那些没能力改变的同事和团队成员才会如此批评。我跟她分享了埃弗雷特·罗杰斯关于变革反应的研究,并提出约翰·科特(John Kotter)博士领导变革的八步流程:

营造变革的氛围

1. 创造紧迫感;

2. 建立指导联盟;

3. 拟定策略愿景和启动方案;

争取整个组织的认同和参与

4. 沟通,找到支持者;

5. 消除障碍以促发行动;

6. 实现短期胜利;

着手改变、维持变革

7. 不要放松;

8. 坚持到底。

史蒂芬妮发现是自己太热切,也期待别人跟她一样热切地发起变革、推动改变,才让她无法按照科特的八步骤循序渐进。这个新体会再加上之前收到的反馈意见,让她更了解应该怎么调整自己的方法,领导变革。我鼓励史蒂芬妮先把团队召集起来,作为新改变的第一步。

我们在公司外找了个地方聚在一起,由史蒂芬妮开诚布公地宣布计划来开启这场会议。她说她推动变革是想要获得更好的成果,希望在鼓励创新的环境中茁壮成长;如果只是维持现状、故步自封,很快就会让人厌倦。她从大家对她的反馈意见里提取了要点和大家分享，也检讨了自己思考上的盲点。

团队成员非常欣赏史蒂芬妮坦诚的态度，他们提出许多深入的问题，更仔细地了解史蒂芬妮的期望，以及如何配合她对于变革的热切，创造最佳成果。尤其是大家都想知道，要怎么参与，才能让他们在起始阶段就有机会充分投入这场变革。这次会议完成了科特八步骤的前两个，创造紧迫感和建立指导联盟，现在团队已经完全理解史蒂芬妮实现变革的动力何在。接下来是拟定策略愿景和启动方案。团队很快收集到必要信息，开始探索开设餐厅的新点子。餐饮业的竞争非常激烈，但大家认为开一家墨西哥餐厅是不错的想法。他们以前都只盯着快餐市场，因此这个新点子虽跟过去大不相同，但大家还是积极投入地采取行动，顺利进行科特接下来的三个步骤：沟通，找到支持者；消除障碍以促发行动；实现短期胜利。

我请史蒂芬妮检讨一下，如果她愿意调整做法，用不同的方式来推动改革，会有什么影响。对她来说，要表现出自己的弱点，以及让团队拥有更多自主权，一向是个很大挑战。但现在她已经知道，让团队尽早参与，大家一起快速行动，的确有很大好处。此后，史蒂芬妮可以投入自己的努力，鼓励大家盯紧脚步不要放松，把改变推动到底，才能克服许多障碍，实现新的想法。

作为领导者，必须认识到每个人对于改变都有不同的反应。我曾经受邀和一个正在经历多项改变，而且内部频频换人的执行团队一起工作。那次工作的目标是要加强团队的合作，提升团队效率。我们进行了讲故事练习，由每个团队成员分享自己生活经历的三个重要改变，这些改变带来什么经验教训并产生何种影响。团队领导者曾对我说，成员中最抗拒改变的是工程师罗伯，但因为他是团队中资历最久、经验最老到的成员，因此形成不小的阻力。但是听完罗伯的故事以后，我们对他的看法完全改观。罗伯跟大家分享的是，他儿子一出生就少了一只手臂，虽然这对整个家庭来说是个莫大创伤，但他们很快就面对现状，为了儿子的成长而努力创造合适的环境。罗伯的儿子争强好胜，很喜欢运动。后来他开始用一只手臂练习游泳，并决心参加残奥会。这表示罗伯每天凌晨四点就要起床，带他的儿子去练习游泳，他每天要工作十四个小时，才能赚到足够的钱来支付培训费用。罗伯一直马不停蹄地工作来支持家人，许多年都不曾休息。所以我们后来发现，他并不是抗拒改变，只是筋疲力尽了。最近罗伯在担心自己是不是得了心脏病，因为他在目前的压力下常感胸痛。这个消息成了团队的转折点，对领导者而言这也是个实时的警讯，他发现自己应该跟每个成员建立更密切的关系，才能真正了解正在发生什么事，而且要在团队中投注一定程度的同理心，才能让大家重新团结在一起。

大多数人一旦明确了解为什么需要改变，目标何在，后续又有完善规划做后盾，就会愿意适应和改变。

规划职业生涯

职业生涯若能展现目标，就会茁壮成长

我们对职业生涯的定义需要再向上升级。首先你需要一个强大的愿景，才会引导你迈向自己想去的方向。接下来，要把你的核心目标和价值整合为职业生涯的中心，让它成为你真正自我的延伸。职业生涯的成功与否，要看某些条件是否达成，才能证明自己的茁壮成长。传统衡量条件包括：

- 头衔；
- 层级／地位；
- 薪资报酬；
- 职业发展。

但我鼓励大家要想得更周全，同时考虑以下条件：

成功职业生涯

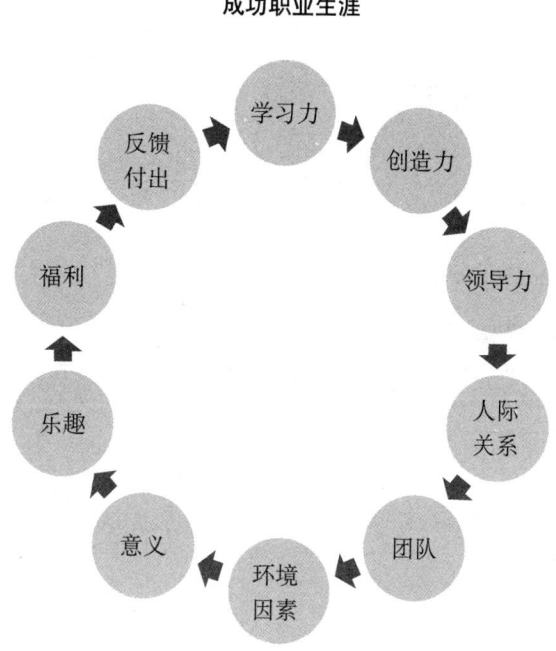

下一步是要确认自己可以善加利用的个人优势，以及必须注意的限制。比方说，如果你的绝对优势是一定能够按时完成任务，那么你就需要一个可以实时切入开始做事的环境，不然你光有一身武艺也派不上用场。同样的，如果财务数字是你的弱点，那就要确保你不必在电子表格上浪费几个小时。

事先准备好一套关于职业生涯的提问,可以帮助各位扩展思维,深入探索。我一位学生拟好的范例如下:

真正的我是怎样的人?
我的领导使命是什么?
可以表现最佳自我的正确时机是什么时刻?
如何才能发挥自己的优势?
我愿意花时间跟谁在一起?
家庭对我的意义是什么?
我想创造出怎样的名声和形象?
我的真正责任是什么?
我的财务观念对自己有什么影响?
我想要如何成长?

这一阶段的思考结果之一,是要形成一套简单的叙事,让你能够清楚地对别人说明自己的职业发展意图。而拼图的最后一块,是要确认自己能够选择的职业种类,才能采取正确行动,例如各位要去探索不同的企业部门、工作角色、业务形式和必须要接触的人。

关于目标领导的职业生涯,以下是一些我最欣赏的观点:

维珍集团创办人理查德·布兰森(Richard Branson)爵士:"经营企业需要流血、流汗、流泪,但最重要的是,你必须建立一些让自己引以为傲的功业事迹。"

百事可乐 CEO 因德拉·努伊(Indra Nooyi):"不要因为自己是 CEO,就以为你已经稳坐泰山。你还是要不断地加强学习,扩展思考和钻研管理组织的方式。"

脸书联合创办人马克·扎克伯格(Mark Zuckerberg):"我在此是为了长远未来建立一些东西。除此之外,心无旁骛。"

艺术大师毕加索(Pablo Picasso):"艺术的目标,是为自己的灵魂清扫日常生活沾染的尘埃。"

提升幸福感

真正幸福的核心，就是目标

日夜兼程、无暇他顾。焦虑、疲惫、挫折、体力透支、失眠……这是今日社会的常态。生活在和谐幸福之中，仿佛是久已遗忘的前尘往事。光是等待下一个假期，好好休息以期待恢复元气，并不算什么好策略；很多人放假一闲下来立马就生病，等到病体初愈又要回去上班啰！但事情未必都要如此，要是让你的目标来扮演核心角色，就可以争取更多、更丰富的幸福生活。

近年来，幸福议题一直是各方议论中心，企业组织和社会都给予了更多关注。幸福生活的主要倡导者之一——《持续的幸福》（*Flourish*）的作者马丁·塞利格曼（Martin Seligman），作为公认的积极心理学（positive psychology）运动领袖，他说："我认为积极心理学的主题就是幸福，衡量幸福的黄金标准是丰盈富足,而积极心理学的目标就是让我们更丰盈、更富足。"他的幸福新理论着重研究一整套丰盈富足生活的构成要素:积极情绪、参与投入、人际关系、生活意义和事业成就。我完全同意他的幸福公式;但我相信贯穿这五大要素的就是目标,如果缺乏目标,我们的幸福也必定被削弱。

乔安娜正严重欠缺幸福感。她是两个不到五岁孩子的年轻妈妈,丈夫时常出差在外,她现在是银行业的高级主管,没担当的直属上司全靠她对外展现强势的一面,年老的父母一位罹患癌症,一位得了老年痴呆。这一连串问题让她焦头烂额。我们坐在饭店会客室,我给乔安娜一些空间,让她一吐为快,说说她最近碰上哪些挑战。她说她刚接任新职位才六个月,但并没有在原先规划的方向发挥作用。尤其是自己的直属上司只想"装好人",让事情变得非常难办,不但进度拖延迟缓,甚至令她觉得自己岌岌可危。乔安娜担心她会被贴上"好战女人"的标签,她说自己感觉到生命活力正一点一滴地流失。

我们一起合作到现在也将近一年,因此我提醒乔安娜,她的核心目标是"帮助别人表现出最佳自我",要更加关注如何在工作方面实现这个目标:

- 成为值得信赖的顾问,提供真正的价值;
- 每天为公司执行更大的任务,而且做得更好;

- 激励自己的团队进行变革；
- 能够将工作贯彻到底；
- 以教练的方式推动成员工作；
- 创造最理想的工作环境；
- 建立强大的人脉，为自己的成功寻求助力；
- 享有个人和专业上的快速发展。

能够清晰地看到这幅景象，让乔安娜迅速聚焦到实现目标上。我们因此制订一套计划，准备跟她的老板一起执行，这个计划涵盖三大关键：让乔安娜为公司带来最大价值，发展团队，以及为业务提升效率。

关于她的家庭问题，我们从她的目标来检视身为人妻、人母和为人子女的角色，探索各方面的意义何在。乔安娜发现自己过度自责，以为自己在这几个角色上都做得不够好，她并未充分认识自己在这几个方面的奉献付出。她决定与丈夫沟通恳谈，从他那里获取一些反馈意见，对于现状进行深入检视。她决定每周抽出一天时间在家工作，这样她可以接送孩子上下学，并且确保她有足够时间照顾父母。

如果我们把乔安娜的聚焦行动和塞利格曼的幸福公式相结合，我们会看到以下内容：

- 正面情绪：透过明确行动、实现目标，乔安娜感到更加乐观，也更有能量向前迈进。
- 参与投入：乔安娜再次提升热情与决心，准备为公司干些大事，虽然面临困难险阻，还是会继续前进。
- 人际关系：她寻求伴侣的反馈意见，决定多多陪伴孩子和父母，同时也花费心力去发展团队，这让乔安娜感觉再次和生命中最重要的人紧密相系。
- 生活意义：乔安娜清楚地表示，如果要放着两个宝贝在家，外出工作，那么这份工作必定要有其意义，否则这一切就太不值得了。
- 事业成就：她在工作方面以目标来推动重大变革，确保她可以继续实现多项目标。

关于幸福生活，我们时常会想得很复杂。要同时兼顾充足睡眠、健康饮食、经常运动、冥想静坐、有时间思考和陪伴家人亲友，还要抽出时间来读书、休闲度假，完成工作中真正重要任务，真是说都说不完⋯⋯不过我们有一套简单工具，让幸福生活变得更具操作性，这就是幸福转轮。

各位在纸上画个圆圈，再依序执行以下步骤：

1. 哪些事物支撑着你的幸福生活？把这些重要元素写在转轮上。

2. 以 1 到 10 的分数，标记自己目前各项元素的得分（1 表示幸福感最低；10 表示最高）。

3. 再标出你希望在六个月以后可以达到的程度。

4. 你认为自己必须做些什么，才能朝着正确方向前进？

5. 可能会有哪些障碍？

6. 你准备采取哪些步骤？

这个简单的差距分析让你能了解目前自己所处的状况，并且让你看到自己能做些什么来拥有美好未来。各位完成自己的幸福转轮以后，关键是要先退后一步，问问自己：要做哪些事情才能最大幅度地提升幸福感？以下就是我最近的幸福转轮：

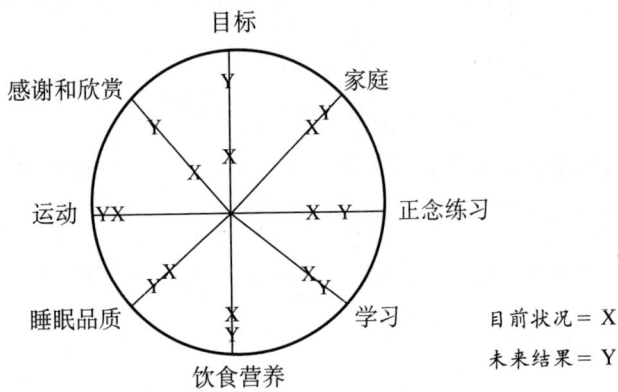

我运用幸福转轮进行反省，发现有几大项进展顺利，但是"目标"与"感谢和欣赏"还是有较大差距。尽管我时时以目标为念，但在意识层面上还是要让自己的所作所为与目标相联系。至于感谢和欣赏也是一桩挑战！虽然我很了解一些原则，例如：看到别人的长处、感激别人的付出，但我一开始还是会先注意到那些别人没做好的事情，也常常在抱怨上浪费许多时间。这对我自己的幸福当然会有不利影响，也消耗掉太多精力。透过这些认识，我就可以采取切实步骤，更坚持以目标为导向，看到应该感谢和欣赏的事例就记录下来，让它成为一种自觉的行为。

明确理解幸福对你的意义，专注于那两三个最具效果的要项，就能多方面提升幸福感。

回归家庭

家庭不是你的目标，却是展现目标的绝佳场合

当我问到目标时，很多人一开始会谈到家庭。事实上，很多人的回答都跟家庭有关，例如让家人过上最好的生活、让家人发挥出潜力、让全家幸福快乐，等等。我也知道家庭可以带来何等力量，但是家庭并不是个人的核心目标。现在这个社会，离婚率高达42%，很多人都觉得自己没有足够的时间和精力留给家人，因此我们必须学会把自己的目标和家庭相互结合。在这方面没有简单的答案，每个人都必须去寻找适合自己的解决方案，经由实现目标才能带来不同结果。

约翰在一家大型零售公司服务，马上要升迁进入执行委员会。他在过去二十年里辛勤不辍，努力向上爬，终于敲开了事业

的大门。但现在有个大问题。他的两个孩子才都十几岁,为了职业更进一步的发展,他必须牺牲更多陪伴家人的时间,这让约翰备感犹豫。他知道管理层必须花费更多时间在工作上,要开更多会议,也要承担更大责任。我建议找他的太太过来,我们大家一起深入探索。庆幸的是约翰的太太对于这个提议并不反对,所以我们在一起享用午餐后,特别安排了几个小时来讨论。

约翰已经明确自己的目标:创造最充实的人生。当他把握时间,善用每一刻时,他会处于最佳状态——能量充沛,做起事来顺利稳当。但当我和他的太太卡门开始会谈,她描绘出的却是一幅好坏参半的景象。当约翰能够实现目标时,他开放、温和、风趣又可爱,是宴会上的主角和灵魂人物。但要是他做不到这一点,他会变得情绪低落、脾气暴躁、心不在焉又畏怯退缩。卡门愿意支持约翰对未来做出的任何决定,但对家人们来说,最重要的是确保约翰能够有更多时间去实现他的目标。

获悉家人感想之后,约翰放缓了脚步。他的注意力从单纯的在职场上努力攀爬,转移到了是否该以家庭为优先。他谈到自己的父亲一向沉迷于工作而忽略家人,而现在的他似乎也正追随着父亲的脚步。约翰发现自己并不想再重复父亲的经历,但还不确定自己应该采取哪些行动。

我请他们从目标出发，去思考自己该做出什么决定。卡门也明确了自己的目标：热心帮助他人，让他们表现出最佳自我。如果他们两位可以把目标结合起来，帮助他人创造最充实的人生呢？由此，他们可以想象未来，并且更深入探索他们的婚姻和家庭该如何变得更好。

我鼓励他们再多花点时间一起探讨这个问题，并且让孩子们也一起参与讨论。我非常相信家庭会议的价值，大家每个月都应该抽出大约一小时的时间，聚在一起聊一聊，彼此了解近况，谈谈家中的重要事务。我对家庭会议的建议是：

1. 每个家庭成员都有机会表达自己的感受，包括他们想要什么、希望得到什么样的支持。
2. 大家互相交换所见所闻。
3. 确认自己获得的支持，并提出其他支持的要求。
4. 提出自己的观点和看法。
5. 家人们相互倾听，把彼此的话听进心里，再继续一起共同生活。

约翰和卡门向孩子们说明这些想法后，也发现自己更加了解两个儿子想要什么。这两个孩子都表示，他们都很喜欢跟心情愉快时的爸爸在一起，而且他们也都希望爸爸在工作中感到快乐。

得到家人的反馈后，约翰和直属上司进行了卓有成效的对话，更全面理解了管理阶层的实际状况。后来，约翰确实受到高层青睐，被内定为执行委员会的继任人选，但如果他对此有异议，公司也没意见。我鼓励约翰用九十天来调整心态，接纳自己即将成为执委会成员的事实，这表示他要对整个公司的营运进行通盘考虑，不能只是考虑自己，同时也要更注意自己在领导层面的影响力。我还建议他要信守对家人的承诺，创造充实的家庭生活。

结果，约翰发现自己获得了更多活力和能量，更能充分把握当下，对于身边的家人、亲友和同事，都成了一个更好的人。这表示他现在不但能在职业生涯上获得进展，同时也能够满足家人的期望。

把家庭和目标结合在一起，就是人生送你的非凡大礼。它会滋养你的身心，提供莫大支撑，当工作和家庭出现冲突时，不管是多大的障碍，它都能帮助你做出艰难的决定。说到底，目标领导会带来完全不同的视角，让你在工作、生活和人际交往中实现真正的价值。

结　语

目标，对于我们在现今社会中力求成长，非常重要。各位跟随我走完这趟旅程，我相信大家对此都有全新的认识。

在这个纷纷扰扰、充满杂音的环境中，你个人的目标就是人生的定锚，它会提供意义和明确的关注点。个人目标就是你人生的理由，是它在激励和指导你的生活。这个深刻信念让你知道哪些事物最重要，同时也塑造出你的心态、行为和行动。

在此，有必要重复目标提供的七大好处：

1. 目标会让你充满能量。
2. 目标会增强你的弹性和抗压力。
3. 目标会帮助你发挥到极致。
4. 目标让你的创意左右逢源。
5. 目标能点燃你的热情。

6. 目标能带来激励和启发。

7. 目标和你的真实自我相联结。

发现目标的关键是，保持开放心态，要有足够的好奇心，并且愿意探索真实的自己。我们在探索团队、企业组织甚至是家庭目标时，也是如此。先找到自己在哪些时间会呈现最佳状态，那些最充实、最自在、灵感充溢而联系紧密的时刻，再联结到自己最深层的驱动力，例如创造成果、增加价值、服务与奉献等动力。

实现目标要从谨慎设定意图开始，让你的工作、生活和人际交往以目标为导向。之后透过一整套的技巧，激励启发他人的认同和参与，经由倾听和联系沟通，引导大家把最好的一面表现出来。

人生太短暂，生命中不是只有工作而已。领导，不仅仅是与职位有关。职业生涯，也不只是为了升官发财。物质生活的丰富虽然会让你过得更舒适，但只是这样并不能带来充实。金钱也许可以让你更轻易地解决一些问题，但它不会带给你快乐。名声让你获得关注，但不会有什么持久的意义。

如果有什么可以作为你的指路明灯，无论是多么艰难的环境，也无论你飞得多高，它都能指引你向前，那么事情将会变得怎样？如果有什么能帮你站稳脚跟，面对任何困难和挑战，又会如何？如果有什么明确架构，可以帮助你进行重大决策，管理工作和生活中的优先事项，那又是何种景象？

设定目标，就是打开人生激励与意义的大门。发现自己的目标、遵循自己的目标，无论路途上遇到什么阻碍，你都能安稳实在地走在正轨之上。事实上，这个目标会赋予你强大的能力去面对障碍，你因此拥有成长思维，也会有更强的抗压力。你的目标会让工作转变为付出与服务的源泉，让你得以真切融入其中。你的目标会培育出你自己的人际关系，提升沟通与联系的层次。你的目标会激励你成为最佳领导者，从而激励启发大家。

我身为人父，一向都相信可以从孩子们身上学到很多东西。他们都有一种还没被这个世界污染的智慧。我以前曾问我八岁的儿子杰比迪，他的目标是什么。他闪闪发亮的眼睛看着我，问我什么是目标。我试着向他解释，这是生活中最重要的"动力"，是你每天愿意起床上学、学习和成长的原因。他似乎还不是很了解，我们便有了以下对话：

爸爸：那么你平常最喜欢做什么？

杰比迪：骑赛格威滑板车！

爸爸：为什么呢？

杰比迪：因为很好玩啊。

爸爸：觉得好玩，开心吗？

杰比迪：很开心！

爸爸：觉得开心，会怎样呢？

杰比迪：我不知道。

爸爸：开心有什么好处吗？

杰比迪：觉得很棒！很兴奋！

爸爸：兴奋会带来什么感觉？

杰比迪：觉得生活很美好啊。

如果你的目标让你对生活感觉美好，你会发生什么变化？你会更慷慨地付出、分享和奉献吗？如此一来，实现目标就会变成一个良性循环：实现目标——付出给予——人生更充实——更多奉献——更充分实现目标。

这趟目标之旅，会从你找到自己的人生方向开始，然后每天朝着这个方向前进。然后，你也可以帮助他人找到和实现他们的目标，无论是你领导的团队、你的孩子、你的朋友或者是你支持的家人。

了解和实现目标，会让你的视野清晰，明辨是非，生活中的机会也会随之而来，你对于自己选定的道路会感受到信心和热情。我们一旦扎根目标，就能茁壮成长，实现更多价值，从而反馈付出，让这个世界变得更美好。

目标领导就是生命送给我们的大礼，你现在就可以决定是否接受这个礼物，好好地运用它！

架构模型范例

个人目标架构

- 个人指标
- 个人优势
- 个人愿景
- 个人价值
- 个人目标

个人指标	仔细描绘出成功的模型。目标让你有明确的焦点,达成目标即是目标领导的结果。
个人优势	天赋和技能。你的优势是你最擅长的,让你得心应手,乐在其中。
个人愿景	振奋人心的未来远景。愿景让你从此时此地迈出脚步,奋发向前,朝着你想要去的方向前进。
个人价值	驱动行为的坚定信念。价值观源于塑造生活的重要事件和经历等转折点,你的一些最深刻的学习和结论即是来自这些经验。
个人目标	这是激励和启发存在的理由。对于你认为最重要事物的深挚信念。它塑造你的思维方式、行为模式和行动方针。它不会受到时间与空间的局限,为你的生命提供了意义和方向。

团队目标架构

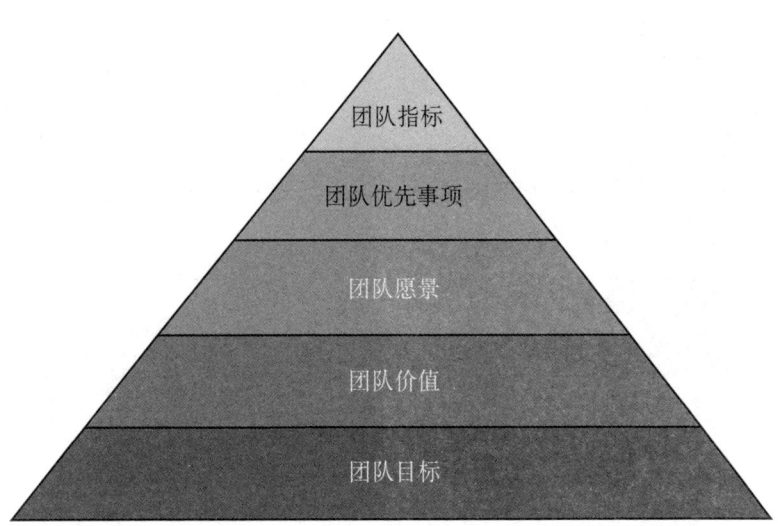

团队指标	团队衡量成功的指针。提升绩效的具体目标。
团队优先事项	一至三年后的成功模型。重点关注的关键战略。
团队愿景	团队想要实现的目标。激励团队奋发向上的重大梦想。
团队价值	决定团队的行为模式。这是推动团队行为的共同信念。
团队目标	团队存在的理由。明确表现出团结一致的因素。

组织目标架构

- 公司指标
- 公司优先事项
- 公司愿景
- 公司价值
- 公司目标

公司指标	公司衡量成功的指标。提升绩效的具体目标。
公司优先事项	一至三年后的成功模型。公司朝向愿景发展的关键战略领域。
公司愿景	公司想要到达何种境界。激发可能性的雄心壮志。
公司价值	决定公司的行为表现。全体成员共享的理念推动企业文化。
公司目标	公司存在的理由。明确阐述公司的本质,除了获利赚钱之外还有什么理由。

延伸阅读

我在追求目标领导的过程中,从以下书籍获得极大的帮助:

1. 原著:*Dare to Serve : How To Drive Superior Results By Serving Others*
   作者:Cheryl Bachelder
2. 原著:*Essentialism : The Disciplined Pursuit of Less*
   作者:Greg McKeown
   中译本:《精要主义》
3. 原著:*Man's Search for Meaning*
   作者:Victor E. Frankl
   中译本:《活出生命的意义》
4. 原著:*People with Purpose : How great leaders use purpose to build thriving organizations*
   作者:Kevin Murray

5. 原著：*Spike. What Are You Great At ?*
   作者：René Carayol
   中译本：《自优势》

6. 原著：*Start With Why : How Great Leaders Inspire Everyone to Take Action*
   作者：Simon Sinek
   中译本：《从"为什么"开始》

7. 原著：*The Story of Purpose : The Path to Creating a Brighter Brand, a Greater Company*
   作者：Joey Reiman

8. 原著：*Triggers : Sparking Positive Change and Making it Last*
   作者：Marshall Goldsmith
   中译本：《自律力：创建持久的行为习惯，成为你想成为的人》

9. 原著：*True North : Discover your Authentic Leadership*
   作者：Bill George
   中译本：《真北》

10. 原著：*When : the Scientific Secrets of Perfect Timing*
    作者：Daniel Pink
    中译本：《时机管理》